职业教育机电类专业系列教材

液压传动

第3版

沈向东　沈　宁　编
刘春田　主　审

机械工业出版社

本书主要内容包括液压传动入门与认知、液压油液的选用与净化、液压元件的类型与选用、液压辅助元件与液压站、液压传动系统、液压伺服系统、液压站安装与调试实训、液压系统的现代化改装以及液压设备的维护保养与维修。本书以基础理论够用为前提，引入"项目教学指导"环节，提出实训教学指导建议。本书内容面向生产作业现场实际，突出实用性。本书编排合理，采用现行的国家标准，反映液压技术的最新发展与应用。

本书可作为职业院校机电类专业及其他工科类专业的教材，也可作为企业培训教材和工程技术人员的参考书。

本书为互联网+教材，在重要知识点处嵌入了二维码，方便读者扫码学习，以加深对知识的理解。为便于教学，本书配套有PPT、电子教案、习题答案、视频等资源，选择本书作为教材的教师可登录www.cmpedu.com网站，注册下载，或联系编辑（010-88379375）咨询。

图书在版编目（CIP）数据

液压传动/沈向东，沈宁编.—3版.—北京：机械工业出版社，2020.7（2022.9重印）
职业教育机电类专业系列教材
ISBN 978-7-111-66030-9

Ⅰ.①液… Ⅱ.①沈… ②沈… Ⅲ.①液压传动—职业教育—教材 Ⅳ.①TH137

中国版本图书馆CIP数据核字（2020）第122293号

机械工业出版社（北京市百万庄大街22号　邮政编码100037）
策划编辑：王莉娜　责任编辑：王莉娜　赵文婕
责任校对：肖　琳　封面设计：张　静
责任印制：单爱军
北京虎彩文化传播有限公司印刷
2022年9月第3版第4次印刷
184mm×260mm·9.5印张·232千字
标准书号：ISBN 978-7-111-66030-9
定价：35.00元

电话服务　　　　　　　　　　网络服务
客服电话：010-88361066　　　机　工　官　网：www.cmpbook.com
　　　　　010-88379833　　　机　工　官　博：weibo.com/cmp1952
　　　　　010-68326294　　　金　书　网：www.golden-book.com
封底无防伪标均为盗版　　　　机工教育服务网：www.cmpedu.com

第3版前言

本书是1996年出版的《液压传动》的修订本（第3版）。

本次修订是以教育部提出的职业院校相关专业教学标准为依据，在第一次修订的基础上，为实现国家提出的"培养具有综合职业能力，在生产、服务一线工作的高素质劳动者和技能型人才"的职业教育目标进行的。本次修订主要完成以下工作：

1. 以下贯彻现行国家标准

1) GB/T 786.1—2009《流体传动系统及元件图形符号和回路图 第1部分：用于常规用途和数据处理的图形符号》。

2) GB/T 7631.1—2008《润滑剂、工业用油和有关产品（L类）的分类 第1部分：总分组》。

3) GB/T 7631.2—2003《润滑剂、工业用油和相关产品（L类）的分类 第2部分：H组（液压系统）》。

4) GB/T 498—2014《石油产品及润滑剂 分类方法和类别的确定》。

5) GB/T 14039—2002《液压传动 油液 固体颗粒污染等级代号》。

2. 插图处理

书中凡是涉及液压元件或液压传动装置等的插图，均选用经简化处理后的实物图，以贴近实际，直观易懂，便于理解。

3. 增加项目实训教学环节

强化实训等教学环节，以提高学生职业技能和满足就业岗位需要，是职业教育的特色。为此，本书不仅在每个项目中增加"项目教学指导"一节，而且特别安排"液压站安装与调试实训"项目，从实训题目的确定、实训任务的确定、实训时间的确定、实训场地的确定等方面，提出实训教学指导建议，并在各项目中安排项目考核内容。

4. 增加多媒体资源

采用现代信息技术已经成为教学活动中必不可少的重要手段。实践证明：信息化技术建立的虚拟现实场景，可以"变课堂为企业、车间和班组""变课堂教学为企业化的项目实训活动"，使课堂教学始终与现场保持紧密联系，便于学用结合。在本次修订中特别制作了体现"阅读、教学和应用"三个方面的项目教学指导系列视频教学片，与教材配套使用，教师可根据需要选择播放。

本书由沈向东、沈宁编写，刘春田主审。此次修订仍保留了第2版的部分内容，在此向第2版相关作者的付出表示感谢。

由于编者水平有限，书中疏漏和不妥之处在所难免，敬请读者批评指正。

编 者

第2版前言

本书是1996年出版的《液压传动》的修订本（第2版）。

近年来，液压技术正在迎来蓬勃发展的大好时机。现代液压技术为企业开发大规模工业自动化生产线和提高装备的自动化与柔性化程度，提供了技术选择与应用平台，以适应多品种中小批量生产自动化作业的需要。随着机械装置向更高水平方向发展和液压传动的应用越来越广泛，现代工业对液压设备的制造、安装和维护等方面，都提出了可靠性要求。目前，生产一线除液压技术设计人才外，需要更多的是液压设备制造、安装、调试和维护人才。

本书经修订后基本保留了原书的框架结构，继承了其少而精、深入浅出、突出现场应用的优点，为适应职业技术教育的特点，将原来的第八章修订为液压系统的安装调试与现代化改装的内容，更具实用性；第十章中增加了液压设备点检制的内容，目的是强调液压设备维护中的预防控制，最大限度地提高设备完好率。书中所绘制的插图接近现场实际，直观易懂，便于理解。本书配有《液压传动习题集》（李芝主编）。

本书由沈向东、李芝任主编。参加编写的人员还有王坤、祝溪明、张泉、吕庆红、连红。全书由沈向东、李芝统稿。

编　者

第1版前言

本书是全国中等专业学校机械制造专业规划教材,是根据机械工业部中等专业学校机制专业教学指导委员会1994年发布的《教学计划与教学大纲》中"液压传动"教学大纲编写的。全书共分十章,主要内容包括:液压传动基础理论知识,液压元件的工作原理及结构,常用液压回路,典型液压系统,液压系统的设计计算,液压伺服系统,液压系统的安装、调试及维护等。

本书还可供普通中等专业学校模具设计与制造、机械设备维修与管理、机电一体化等专业及高等职业学校上述各专业学生使用,也可供三年制职工中专、职业中专学生选用或供机械工程技术人员参考。

本书的编写力求少而精,在适当删减理论推导,合并部分章节内容的同时,突出了实际应用知识,并使全书框架合理紧凑。本书采用了现行国家标准,并在较大程度上反映了我国液压传动技术的进步与发展。

本书对比例阀、插装阀、叠加阀、伺服阀、数字阀等正在逐步推广使用的新型液压元件的工作原理、结构做了简要的介绍,并列举了应用实例;对能进行液压系统优化设计、快速设计且使用极为方便的液压系统计算机辅助设计(液压CAD)的内容、构成及软件包进行了简要的介绍,并列举了应用实例,可供有条件学校的学生选学。本书还对液压系统的安装、调试、维护及故障分析排除等施工技术人员常用的知识进行了简要的介绍(这部分内容可安排在实践教学环节中讲授),突出了中专教学的特色。

本书的编写力图体现新教学计划提出的要求,使中专毕业生通过课堂学习、实验(实验专用周)及液压课程设计等实践环节的学习能较快地适应技术员工作的需求,并具有较强的竞争能力。

本书由李芝任主编。参加编写的人员有宋永祥(第一、二、三、十章)、李芝(第四、五、六、七章)、沈向东(第八、九章)。

徐永生为本书主审。1994年12月在无锡召开了审稿会,会上对本书进行了集体审阅和修改。参加审稿会的有徐永生、蔡盘根、毛全有、王世良、潘玉山等同志。

本书在编写过程中曾得到大连理工大学机械系液压教研室、济南铸造锻压机械研究所液压技术分所及兄弟学校等单位的大力支持和帮助,李善术、赵锡华、王珏翎、王志泉、陈清奎、高峰等同志曾对本书的编写提出了不少宝贵的意见和建议,编者在此一并表示感谢。

由于编者水平有限,书中存在的疏漏和不妥之处敬请广大读者批评指正。

编 者

二维码索引

名称	二维码	页码	名称	二维码	页码
立式千斤顶		1	换向阀操纵方式		43
平面磨床液压传动工作原理		3	换向阀位通图形符号		43
内啮合齿轮泵		30	P型溢流阀		47
外啮合齿轮泵		32	节流阀		51
YB型定量叶片泵		32	调速阀		51
限压式变量叶片泵		33	动力滑台		76
轴向柱塞泵		34	四柱式液压机		80
双杆活塞缸		37	液压仿形刀架		91
单杆活塞缸		38	液压机械手		92

目 录

第3版前言
第2版前言
第1版前言
二维码索引

项目1 液压传动入门与认知 ········ 1
1.1 液压传动原理认知 ········ 1
1.2 液压传动系统认知 ········ 3
1.3 液压传动特点认知 ········ 4
1.4 项目教学指导 ········ 4
阅读：液压传动发展概况 ········ 5
教学视频：液压传动原理认知 ········ 5
应用视频：液压传动在各行业中的应用 ········ 7
项目考核 ········ 9

项目2 液压油液的选用与净化 ········ 10
2.1 液压油液的基本性质 ········ 10
2.1.1 液压油液的黏性 ········ 10
2.1.2 液体的静力学性质 ········ 11
2.1.3 液体的动力学性质 ········ 13
2.1.4 液压系统的压力损失 ········ 15
2.1.5 液体流经各类孔口的流量 ········ 16
2.2 液压油液的类型及选用 ········ 16
2.2.1 液压油液的分类 ········ 16
2.2.2 液压油液产品代号的命名规则 ········ 17
2.2.3 液压油液的选用 ········ 18
2.3 液压油液的污染控制与净化 ········ 19
2.3.1 液压油液的污染度 ········ 19
2.3.2 液压系统的清洁度 ········ 20
2.3.3 液压油液的净化 ········ 21
2.4 项目教学指导 ········ 22
阅读：中国石油工业 ········ 22

教学视频：液压油液的命名规则与牌号 ………………………………………… 23
项目考核 ……………………………………………………………………………… 27

项目3　液压元件的类型与选用 ………………………………………………… 29

3.1　液压动力元件 ……………………………………………………………… 29
3.1.1　液压泵的工作原理 …………………………………………………… 29
3.1.2　液压泵的分类和图形符号 …………………………………………… 30
3.1.3　液压泵的性能参数 …………………………………………………… 30
3.1.4　典型液压泵的结构 …………………………………………………… 32
3.1.5　液压泵的选用 ………………………………………………………… 35

3.2　液压执行元件 ……………………………………………………………… 35
3.2.1　液压缸 ………………………………………………………………… 36
3.2.2　液压马达 ……………………………………………………………… 40

3.3　液压控制元件 ……………………………………………………………… 40
3.3.1　方向控制阀 …………………………………………………………… 41
3.3.2　压力控制阀 …………………………………………………………… 46
3.3.3　流量控制阀 …………………………………………………………… 50

3.4　项目教学指导 ……………………………………………………………… 52
阅读：液压元件发展概况与回路组成 …………………………………… 52
教学视频：液压元件 ……………………………………………………… 55
应用视频：液压元件、回路实验与实训 ………………………………… 56

项目考核 ……………………………………………………………………………… 57

项目4　液压辅助元件与液压站 ………………………………………………… 60

4.1　液压辅助元件 ……………………………………………………………… 60
4.1.1　油管和管接头 ………………………………………………………… 60
4.1.2　过滤器 ………………………………………………………………… 63
4.1.3　流量计、压力表及压力表开关 ……………………………………… 64
4.1.4　密封件 ………………………………………………………………… 66
4.1.5　蓄能器 ………………………………………………………………… 67
4.1.6　油箱 …………………………………………………………………… 68

4.2　液压站 ……………………………………………………………………… 70

4.3　项目教学指导 ……………………………………………………………… 71
阅读：液压辅助元件图形符号与油路连接 ……………………………… 71
教学视频：液压辅助元件与液压站 ……………………………………… 72
应用视频：液压油管总成 ………………………………………………… 73

项目考核 ……………………………………………………………………………… 74

项目 5　液压传动系统 ··· 75

5.1　组合机床动力滑台液压系统 ··· 75
- 5.1.1　概述 ··· 75
- 5.1.2　动力滑台液压系统的工作原理 ··· 76
- 5.1.3　动力滑台液压系统的特点 ··· 78

5.2　液压机的液压系统 ··· 79
- 5.2.1　四柱式液压机简介 ··· 79
- 5.2.2　四柱式液压机液压系统图（手动部分） ··· 79
- 5.2.3　油路分析 ··· 81

5.3　项目教学指导 ··· 82
- 阅读：液压系统图 ··· 82
- 教学视频：液压系统工作原理分析 ··· 84
- 应用视频：汽车起重机液压系统 ··· 84

项目考核 ··· 88

项目 6　液压伺服系统 ··· 90

6.1　车床液压仿形刀架 ··· 90
6.2　机械手液压伺服系统 ··· 91
6.3　液压伺服系统的特点及工作特性 ··· 92
- 6.3.1　液压伺服系统的特点 ··· 92
- 6.3.2　液压伺服系统的工作特性 ··· 93

6.4　项目教学指导 ··· 94
- 阅读：液压伺服阀 ··· 94
- 教学视频：液压伺服系统的工作原理 ··· 95
- 应用视频：液压伺服系统应用 ··· 96

项目考核 ··· 96

项目 7　液压站安装与调试实训 ··· 97

7.1　实训准备 ··· 97
- 7.1.1　实训安排 ··· 97
- 7.1.2　实训用液压系统图 ··· 97
- 7.1.3　液压站安装图 ··· 98
- 7.1.4　实训器具与制件 ··· 98

7.2　制作油管总成和底板 ··· 100
- 7.2.1　制作油管总成 ··· 100
- 7.2.2　制作底板 ··· 102

7.3　安装液压站 ··· 103
- 7.3.1　安装液压站前的准备 ··· 103
- 7.3.2　安装液压泵组件 ··· 105

7.3.3 安装液压控制元件 ………………………………………………………………… 105
7.3.4 安装管路 …………………………………………………………………………… 105
7.4 液压站的调试 ……………………………………………………………………………… 106
7.4.1 液压站调试前的准备 ……………………………………………………………… 106
7.4.2 液压站的调试项目 ………………………………………………………………… 107
7.5 项目教学指导 ……………………………………………………………………………… 108
项目考核 ………………………………………………………………………………………… 109

项目8 液压系统的现代化改装 ………………………………………………………… 110

8.1 液压系统现代化改装的概念 ……………………………………………………………… 110
8.1.1 液压系统的磨损 …………………………………………………………………… 110
8.1.2 液压系统的补偿方式 ……………………………………………………………… 111
8.1.3 液压系统现代化改装的意义 ……………………………………………………… 111
8.2 现代化改装中常用的新型液压元件 ……………………………………………………… 112
8.2.1 比例阀 ……………………………………………………………………………… 112
8.2.2 插装阀 ……………………………………………………………………………… 114
8.2.3 叠加阀 ……………………………………………………………………………… 116
8.3 现代化改装的基本形式 …………………………………………………………………… 118
8.3.1 原型改造 …………………………………………………………………………… 118
8.3.2 变形改造 …………………………………………………………………………… 118
8.4 项目教学指导 ……………………………………………………………………………… 120
项目考核 ………………………………………………………………………………………… 120

项目9 液压设备的维护保养与维修 …………………………………………………… 121

9.1 液压设备操作规程 ………………………………………………………………………… 121
9.1.1 液压设备操作工操作规程 ………………………………………………………… 121
9.1.2 液压设备检修工操作规程 ………………………………………………………… 122
9.2 液压设备的日常维护保养 ………………………………………………………………… 123
9.3 液压设备的维修 …………………………………………………………………………… 125
9.3.1 排除故障的步骤 …………………………………………………………………… 125
9.3.2 液压油液污染造成的故障及其排除方法 ………………………………………… 126
9.3.3 液压设备常见故障及其排除方法 ………………………………………………… 127
9.4 项目教学指导 ……………………………………………………………………………… 130
阅读：液压设备点检制 ………………………………………………………………… 130
实训：液压设备定期点检作业 ………………………………………………………… 133
项目考核 ………………………………………………………………………………………… 134

附录 ……………………………………………………………………………………………… 136

附录A 常用单位换算表 …………………………………………………………………… 136
附录B 常用液压元件图形符号 …………………………………………………………… 137

参考文献 ………………………………………………………………………………………… 141

项目 1

液压传动入门与认知

液压传动是利用密闭系统中的受压液体来传递运动和动力的一种传动方式，它在各行各业中的应用越来越广泛。由于采用液压传动的机械设备数量逐年增加，因此迫切需要加快培养大批从事液压设备操作、保养、维护和维修工作的人员。

本项目借助理论与实训结合的教学模式，旨在在液压传动入门学习阶段，快速引导学生对液压传动进行了解和认知，为后面的学习奠定基础。

1.1 液压传动原理认知

1. 液压千斤顶

图 1-1 所示为液压千斤顶。其中，图 1-1a 为立式千斤顶工作原理图；图 1-1b 为立式千斤顶外形图；图 1-1c 为卧式千斤顶外形图。

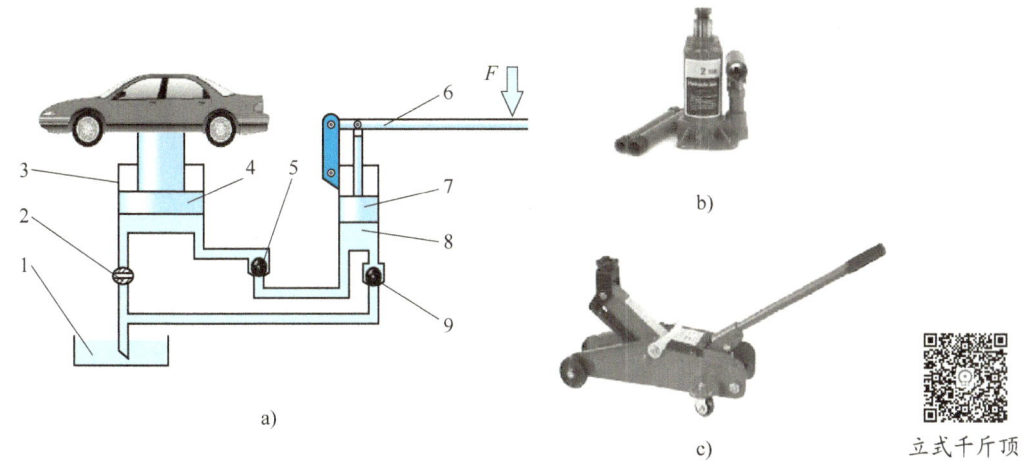

图 1-1 液压千斤顶
a) 立式千斤顶工作原理图　b) 立式千斤顶外形图　c) 卧式千斤顶外形图
1—油箱　2—放油阀　3—大缸体　4—大活塞　5、9—单向阀　6—杠杆手柄
7—小活塞　8—小缸体

立式千斤顶

在图 1-1a 中，大缸体 3 和大活塞 4 组成举升缸，杠杆手柄 6、小缸体 8、小活塞 7、单

向阀 5 和 9 组成液压泵。活塞和缸体之间的相对运动，既保持了良好的配合关系，又能实现可靠的密封。当抬起杠杆手柄 6，使小活塞 7 向上运动，小活塞下腔的密封容积增大形成局部真空时，单向阀 9 打开，油箱中的油液在大气压的作用下通过吸油管进入小活塞下腔，完成一次吸油动作。当用力压下杠杆手柄 6 时，小活塞 7 下移，其下腔密封容积减小，油压升高，单向阀 9 关闭，单向阀 5 打开，油液进入举升缸下腔，驱动大活塞 4 和载荷（图 1-1 中小轿车）一起上升一段距离，完成一次压油动作。反复抬起、压下杠杆手柄 6，就能使油液间歇性地被压入举升缸，大活塞随之上移，达到举重的目的。如将放油阀 2 旋转 90°，大缸体 3 中的油液被放回油箱，大活塞 4 可以在自重或外力作用下徐徐回落复位。这就是立式千斤顶的工作过程。卧式千斤顶的液压传动工作原理与立式千斤顶相同。

从以上液压千斤顶的工作过程可以看出，液压传动是以密封容积中的受压液体作为工作介质来传递运动和动力的传动。它先将机械能（小活塞 7 的向下移动）转换为液体的压力能，再将液体的压力能转换为机械能（大活塞 4 的向上移动）。液压传动就是利用液体的压力能来工作的。

2. 平面磨床

图 1-2 所示为平面磨床。该机床工作台的往复运动采用液压传动。平面磨床的工作情况是：工件 4 被磁性吸盘 5 吸附在工作台上，液压站 8 提供的动力经管路送到磨床工作台 7 下方的液压缸中（图中未画出）。当工作台向右运动到终点时，挡铁 1 拨动换向拨杆 2，使油路改变，工作台换向，向左运动；当工作台向左运动到终点时，挡铁 6 拨动换向拨杆 2，油路又一次被改变，工作台再次

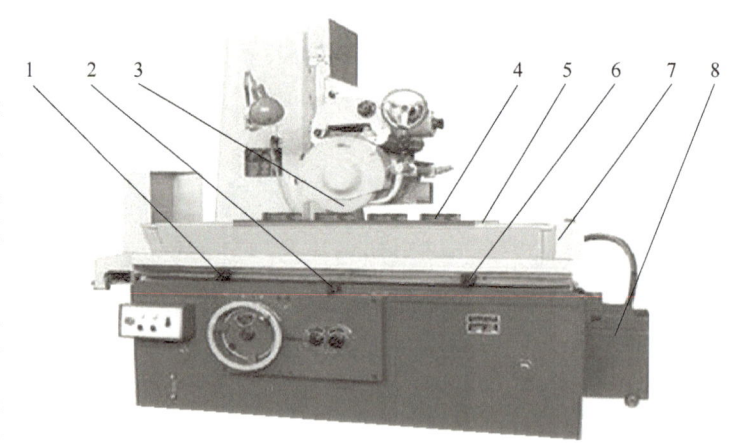

图 1-2 平面磨床

1、6—挡铁　2—换向拨杆　3—砂轮　4—工件
5—磁性吸盘　7—工作台　8—液压站

换向，向右运动。液压系统如此往复自动循环，带动平面磨床的工作台往复运动，使砂轮 3 与工件 4 之间形成相对运动，从而完成对工件的磨削加工。

图 1-3 为平面磨床液压传动工作原理图。液压缸 8 固定在床身上，活塞 9 连同活塞杆带动工作台 10 做往复运动。液压泵 3 由电动机驱动，从油箱 1 中吸油，并把压力油输入管路，经节流阀 6 至换向阀 7。当换向阀 7 的阀芯处于中位时，管路中 P、A、T 均不相通，液压缸 8 两腔油路被封闭，活塞 9 及工作台 10 停止不动。

当换向拨杆 12 将换向阀 7 的阀芯推至右端时，管路中 P 和 A 通、B 和 T 通，液压缸 8 的进油路为：液压泵 3→节流阀 6→换向阀 7（$P\to A$）→液压缸 8 左腔；回油路为：液压缸 8 右腔→换向阀 7（$B\to T$）→油箱 1。这样，活塞 9 连同工作台 10 在液压缸左腔油液压力的推动下向右运动。

当工作台 10 向右运动到终点，使工作台上的挡铁 11 与换向拨杆 12 相碰时，换向阀 7

的阀芯被推至左端，改变了换向阀的油路状态，使管路中 P 和 B 通、A 和 T 通，液压缸 8 的进油路为：液压泵 3→节流阀 6→换向阀 7（P→B）→液压缸 8 右腔；回油路为：液压缸 8 左腔→换向阀 7（A→T）→油箱 1。此时，活塞 9 连同工作台 10 在液压缸 8 右腔油液压力的推动下向左运动。

当活塞 9 与工作台 10 往复运动时，改变节流阀 6 的开口大小，就可以改变工作台 10 的运动速度（无级变速）。当完全关闭节流阀 6 时，液压缸的活塞 6 与工作台 10 可在任意位置停止。溢流阀 5 起着溢流、稳压的作用。当溢流阀 5 与定量泵、节流阀 6 配合使用时，除了控制液压系统的系统压力外，随节流阀 6 调整进入液压缸的油液流量的大小，而将定量泵输出的多余油液，经溢流阀 5 流回油箱 1。过滤器 2 起着过滤和净化油液的作用。压力表 4 用来测定油泵出口的油液压力。

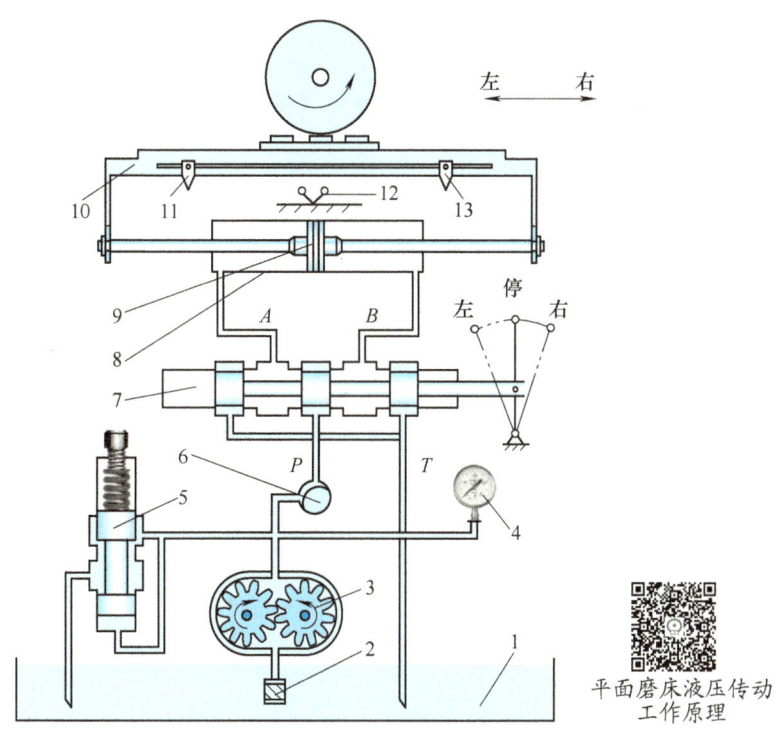

图 1-3　平面磨床液压传动工作原理图

1—油箱　2—过滤器　3—液压泵　4—压力表　5—溢流阀　6—节流阀　7—换向阀
8—液压缸　9—活塞　10—工作台　11、13—挡铁　12—换向拨杆

1.2　液压传动系统认知

从上述两个实例可以看出，液压传动系统由以下五个部分组成。

（1）动力元件　动力元件即液压泵。它是将原动机输入的机械能转换为液压能的装置。其作用是为液压系统提供压力油，是液压系统的动力源。

（2）执行元件　执行元件指液压缸和液压马达。它是将液体的压力能转换为机械能的装置。其作用是在压力油的推动下输出力和速度（对液压缸输出而言），或是输出转矩和转速（对液压马达输出而言），以驱动工作部件实现相应的运动。

（3）控制调节元件　控制调节元件是指各种阀类元件，如溢流阀、节流阀、换向阀等。它们的作用是控制液压系统中油液的压力、流量和液流方向，以保证执行元件按预期的要求运动。

（4）辅助元件　辅助元件是指油箱、油管、管接头、过滤器、压力表、流量指示器等。这些元件分别起贮油、散热、连接、过滤、测量等作用，以保证液压系统正常工作，是液压系统中不可缺少的组成部分。

（5）工作介质　工作介质即传动液体，通常是指液压油。其作用是实现运动和动力的传递。

1.3　液压传动特点认知

1. 液压传动的优点

1）液压传动可以输出较大的推力或转矩，可实现低速大吨位（可达万吨级）的运动。这是其他传动方式所不能比拟的突出优点。

2）液压传动能很方便地实现无级调速，调速范围大，且可在系统运行过程中调速。

3）在相同功率条件下，液压传动装置体积小、重量轻、结构紧凑。液压元件之间可以采用管式连接或采用集成式连接，其布局、安装具有很大的灵活性，可以构成用其他传动方式难以组成的复杂系统。

4）液压传动能使执行元件的运动平稳，可使运动部件在换向时无换向冲击，而且其反应速度快，可实现频繁换向。

5）液压传动操作简单，调整控制方便，易于实现自动化，特别是和机电设备联合使用时，能方便地实现复杂的自动工作循环。

6）液压系统便于实现过载保护，使用安全、可靠。由于各液压元件中的运动件均在油液中工作，能自行润滑，故元件的使用寿命长。

7）液压元件易于实现标准化、系列化和通用化，一般不需要自行制造。如果液压元件出现故障或损坏，可购置相同的液压元件进行更换。

2. 液压传动的缺点

1）液压传动油液的泄漏和液体的可压缩性会影响执行元件运动的准确性，故无法保证严格的传动比。

2）液压传动对油温的变化比较敏感，不宜在很高或很低的温度条件下工作。

3）液压传动能量损失（包括泄漏损失、溢流损失、节流损失、摩擦损失等）较大，传动效率较低，不适宜用作远距离传动。

4）液压传动系统出现故障时，不易查找原因。

1.4　项目教学指导

本项目教学的目标是认知液压传动，包括液压传动原理认知、系统认知和特点认知。在课程学习的入门阶段，对液压传动原理的认知是最为重要的。通过项目教学手段，迅速地建立起液压传动的概念，了解液压传动的发展及应用情况，有利于强化对液压传动的认知和理解，提高学习的兴趣，为后续课程的学习奠定基础。

本项目教学的任务包括以下三项。

1）阅读。通过阅读扩展知识面。

2）观看教学视频。教学视频直接与课堂的理论教学密切相关，借助信息化手段，可使理论教学直观化、形象化。

3）观看应用视频。观看液压传动应用视频的目的，就是要解决学以致用的问题。让学生从一开始学习就能了解到所学知识的用途。当然，液压传动的应用很多，应用视频中介绍的还是远远不够的，需在今后的教学中不断进行补充，以体现液压传动的实用性。

总之，认知液压传动，除了采用上述的方法外，还可组织学生结合所学专业，到学校液压传动实验室、施工现场或企业，观察各种液压设备或装置，记录其工作过程，编写项目实训报告。

 **阅读：液压传动发展概况**

液压传动从17世纪中叶帕斯卡提出静压传递原理、18世纪末英国制成第一台水压机算起，至今已有300多年的历史。19世纪末德国制成了液压龙门刨床，美国制成了液压转塔车床和磨床。到了20世纪30年代，液压传动在通用机床上获得了较为广泛的应用。在第二次世界大战期间，军事工业需要反应快、动作准确的自动控制系统，促进了液压技术的发展。第二次世界大战后，液压技术迅速转为民用，使液压传动在机械制造、工程机械、农业机械、汽车制造等行业得到推广使用。20世纪60年代以来，随着原子能、空间技术、计算机技术的发展，液压技术的水平得到提高，并渗透到各个工业领域中，开始向高压、高速、大功率、高效率、低噪声、低耗能、高耐用性、高度集成化、数字化和自动化的方向发展。

我国的液压工业始于20世纪50年代，其产品最初只用于机床和锻压设备，后来又用于拖拉机和工程机械。自1964年开始从国外引进液压元件生产技术，同时开展自行设计液压产品，使我国生产的液压元件逐步形成系列。我国在消化、推广从国外引进的先进液压技术的同时，大力开展国产液压新产品的研发和制造，已经取得显著成效。以我国自行设计、制造大型水压机历程为例，可以看出，我国液压技术的发展速度是惊人的。1961年12月，江南造船（集团）有限责任公司（原江南造船厂）成功地建成国内第一台12000t水压机（图1-4a），为中国重型机械工业填补了一项空白。万吨水压机建成后，为国家电力、冶金、化学、机械和国防工业等部门锻造了大批特大型锻件。2013年4月，由中国第二重型机械集团有限公司自主设计制造的80000t模锻液压机投入试生产，如图1-4b所示。这台模锻液压机总高42m（地上高27m，地下深15m），自重22000t，它的建成标志着我国液压技术已经走在世界的前列。可以预见，液压传动在我国发展前景会越来越广阔。

 教学视频：液压传动原理认知

教学视频1：液压千斤顶

在视频中，介绍了两种液压千斤顶，如图1-5所示：一种是立式千斤顶（图1-5a），一种是卧式千斤顶（图1-5b）。

利用动画方式着重介绍了立式千斤顶液压传动的原理部分；利用现场实拍着重介绍了卧式千斤顶的使用及正确操作要领。一般来说，立式千斤顶可以承受较大的载荷；卧式千斤顶

a)　　　　　　　　　　　　　　　　b)

图 1-4　我国自主研制的水压机

a）我国第一台万吨水压机　b）80000t 模锻液压机

a)　　　　　　　　　　　　　　　　b)

图 1-5　液压千斤顶视频截图

a）立式千斤顶截图　b）卧式千斤顶截图

则多用于操作空间的高度较小的场合。

教学视频 2：平面磨床液压传动

图 1-6 为平面磨床视频截图。视频中通过对一台平面磨床的现场操作，建立起直观形象的对工件进行平面磨削加工的场景，然后采用动画方法详细介绍其液压传动工作原理。

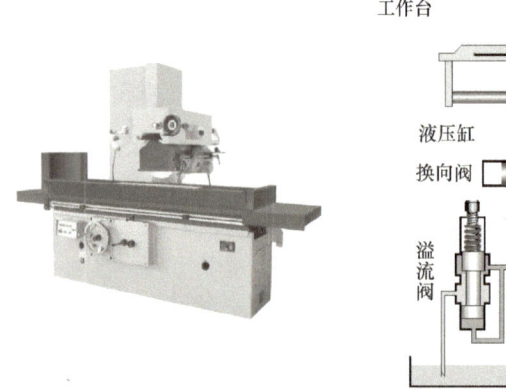
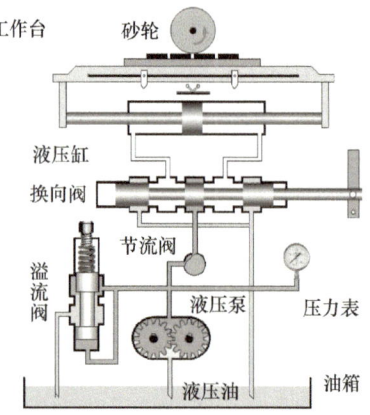

图 1-6　平面磨床视频截图

 **应用视频：液压传动在各行业中的应用**

液压传动在各行业中的应用非常广泛。有的设备是利用其能传递大的动力的优点，如工程机械、矿山机械、冶金机械等；有的设备是利用它的操纵控制方便的优点，如各类金属切削机床、轻工机械、起重运输机械等。液压传动在各类机械行业中的应用见表1-1。

表1-1 液压传动在各类机械行业中的应用

行业名称	应用场所举例
机床行业	磨床、铣床、刨床、拉床、自动和半自动车床、组合机床、数控机床等
工程机械	挖掘机、装载机、推土机、压路机、铲运机等
起重运输机械	汽车起重机、港口龙门起重机、叉车、装卸机械等
矿山机械	凿岩机、开掘机、开采机、破碎机、提升机、液压支架等
建筑机械	打桩机、液压千斤顶、平地机、塔吊等
农业机械	播种机、联合收割机、拖拉机、农具悬架系统等
冶金机械	轧钢机、压力机等
轻工机械	打包机、注塑机、校直机、橡胶硫化机、造纸机等
汽车机械	自卸卡车、平板车、高空作业车、汽车中的转向器、减振器等
智能机械	模拟驾驶舱、机器人等

为便于直观了解液压传动在各行业中的应用，本书编写人员收集、拍摄了大量的视频素材，编辑、整理、制作了液压传动在如下几个方面应用的系列教学视频。因各院校使用本书的专业不同，可以选择观看其中相关的应用视频。

应用视频1：液压传动在机床行业中的应用

随着科技水平的不断进步与提高，我国的机床制造企业正逐步地由普通机床制造向高端机电液气一体化机床制造的方向发展，越来越多的半自动化、自动化机床，数控机床、加工中心应用到了机械加工领域。

视频1首先介绍了我国著名的机床制造企业，之后详细介绍了液压传动在普通机床、组合机床、自动化机床、数控液压机床以及加工中心上的应用。

应用视频2：液压传动在工程机械中的应用

工程机械是用于工程建设和施工的设备总称，其种类繁多。在工程机械中，液压传动被大量采用，以驱动庞大的工程机械设备稳定运行，并获取巨大的工作能量，完成作业任务。

视频2重点介绍了应用液压传动较广的几类工作机械，如挖掘机械、装载机械和筑路机械。

应用视频3：液压传动在起重运输机械中的应用

起重运输机械又指物料搬运机械，涉及海、陆、空各行各业的物料搬运。视频3仅选取陆路使用的起重运输机械进行介绍，重点内容为液压传动在大型起重机、各种运输车辆和平板运输机械上的应用，主要有以下几种。

1）汽车起重机：包括随车起重机、全地面起重机和履带起重机等。
2）岸边集装箱搬运机械：包括岸桥、集装箱跨运车、集装箱龙门起重机等。
3）货物运输车辆：包括厢式重型卡车、集装箱运输车等。

4) 大件运输车辆：包括牵引车与平板车组合运输细长件，平板车组合运输大体积制件等。

应用视频 4：液压传动在矿山机械中的应用

矿是蕴藏在地层中的可供开采利用的物质。矿山种类繁多，有煤矿、金属矿、非金属矿、建材矿和化学矿等。视频4仅收集了液压传动在铁矿和煤矿开采中的应用，主要内容如下。

1) 液压传动在露天铁矿开采机械中的应用，如挖掘机械、凿岩机械、铲车、自卸卡车和碎石机械等。

2) 液压传动在地下煤矿采掘机械中的应用，如掘进机、综合采煤机械、液压支架和提升机等。

应用视频 5：液压传动在建筑机械中的应用

从两千年前的万里长城到今天宏伟壮观的长江三峡大坝，从北京的四合院到高高耸立的摩天大楼，一部建筑史就是一部人类文明的进化史。今天，在建筑业中繁重的体力劳动已经被机械化、自动化所替代，不仅使劳动强度降低，而且大大缩短了工期。

视频5参照建筑施工流程方案，按施工顺序组织编辑视频内容，介绍液压传动在各种建筑机械设备中的应用，主要内容如下。

1) 土方作业机械：包括挖掘机、推土机、装载机、铲运机、平地机和打桩机等。

2) 预制加工机械：包括钢筋加工机和制砖机等。

3) 建筑施工机械：包括塔式起重机、混凝土搅拌车、混凝土泵车和高空作业车等。

应用视频 6：液压传动在农业机械中的应用

农业的起源可上溯到万年以前，土地是农业不可替代的生产资料。农业的劳动对象是有生命的动植物，获得的农产品就是动植物本身。农业的产业结构包括种植业、林业、畜牧业、渔业和副业。农业机械化是农业现代化的基础，运用先进的机械设备代替人力手工劳动，实施机械化作业，可使劳动强度降低，生产率提高。

视频6收集了液压传动在种植业、林业和畜牧业中的应用情况，主要内容如下。

1) 种植机械：包括犁地机械、播种机械和联合收割机械等。

2) 林业机械：包括移植机械、采伐机械、残根处理机械、木材加工机械和木材搬运机械等。

3) 畜牧机械：包括牧草播种机和割草打捆机等。

应用视频 7：液压传动在压力加工机械中的应用

手工锻造是一种原始、古老的锻造加工方法，在我国已有两三千年的历史，今天已经很少看到了。代替它的是压力加工。压力加工是利用金属在热态或常温状态下，由外力作用所产生的塑性变形来获得具有一定形状、尺寸和力学性能的原材料、毛坯或零件的方法。压力加工有轧制、锻造、挤压、拉拔、冲压和旋压等。视频7只介绍其中应用液压传动较为广泛的几种，主要内容如下。

1) 轧钢机械：包括热轧机、冷轧机、剪板机和带钢卷取机等。

2) 锻造机械：包括自由锻水压机、模锻液压机和曲轴锻造生产线等。

3) 冲压机械：包括数控液压压力机和冲压生产线等。

应用视频 8：液压传动在轻工机械中的应用

轻工业是指生产消费资料的工业部门，如食品、纺织、皮革、造纸、家电、日用化工、橡胶、塑料等企业，都隶属于轻工业领域。轻工机械种类繁多，视频 8 中仅收录了几种应用液压传动较为广泛的轻工机械，主要内容如下。

1）注塑机械：包括啤酒箱注塑机、托盘注塑机和全自动注塑机等。

2）造纸机械：包括制浆机、压榨机、压光机和卷纸机等。

3）轮胎机械：包括密炼机、成型机和硫化机等。

应用视频 9：液压传动在自卸卡车上的应用

自卸卡车是一种在载货部位装有自动倾卸装置的载货卡车。倾卸装置由汽车底盘、车厢液压倾翻机构、货厢和取力装置组成。视频 9 按矿用自卸卡车和公路用自卸卡车分别进行编辑介绍，主要内容如下。

1）矿用自卸卡车：这类自卸卡车载重量大，包括 EH5000AC 自卸卡车（载重 296t）、960E 自卸卡车（载重 327t）、CAT797F 自卸卡车（载重 363t）、DE400 自卸卡车（载重 400t）和 BELAZ75710 自卸卡车（载重 450t，是世界上最大的自卸卡车）。

2）公路用自卸卡车：包括铰接自卸卡车、半挂自卸卡车和全挂自卸卡车等。

项目考核

一、思考题

1. 认知液压传动应从哪几个方面做起？其中最为重要的是哪个方面？为什么？
2. 到现场观察一台液压传动设备，并说出该设备上液压传动系统的组成部分。
3. 通过观看液压传动应用视频，举例说明液压传动在你所学专业中的应用。

二、填空题

液压传动是利用_____系统中的_____液体来传递_____和_____的一种传动方式。

三、实践题

1. 用千斤顶进行顶起重物操作。通过操作，观察千斤顶的顶起过程和复位过程是否相同，其提升力和速度与哪些因素有关。

2. 现场观看平面磨床的工作，了解磨削加工过程，认识该机床上各个操作手柄的用途，并观察如何调整工作台上挡铁的位置。

3. 结合本专业选择一种液压设备，了解液压系统的组成，说明该设备的用途、性能参数和操作方法，编写液压传动认知报告。

项目 2

液压油液的选用与净化

在液压系统中，液压油液是传递动力和运动的工作介质。液压油液类型选择是否得当，油液质量是否满足清洁度的要求，都会对液压系统的工作性能产生影响。因此，了解液压油液的基本性质，正确选用液压油液的类型，防止油液污染，对于保证液压系统正常工作是非常重要的。

2.1 液压油液的基本性质

按国家标准 GB/T 7631.2—2003《润滑剂、工业用油和相关产品（L 类）的分类 第 2 部分：H 组（液压系统）》的分类方法，将液压系统所使用的，具有抗氧化、抗磨、润滑、防腐、防锈、冷却、难燃和环保等作用的矿物油型液压油、合成烃型液压油、环境可接受液压液和难燃液压液，统称为液压油液。

虽然不同类型的液压油液的物理化学性能有很多的不同，但它们的基本性质是一样的。液压油液的基本性质可在有关的资料中查到，如油液在 15℃ 时的密度（ρ）约为 900kg/m³。

下面仅对与液压传动密切相关的一些液压油液的基本性质进行讨论。

2.1.1 液压油液的黏性

1. 牛顿液体内摩擦定律

液体在外力作用下流动时，分子间的内聚力要阻止分子间的相对运动而产生一种内摩擦力的特性称为液体的黏性。以图 2-1 为例：若两平行平板间充满液体，下平板固定不动，而上平板以速度 u 向右平动。由于液体的黏性作用，紧靠下平板的液体层速度为零，紧靠上平板的液体层速度为 u，而中间各层液体的速度则从上到下按递减规律，呈线性分布。

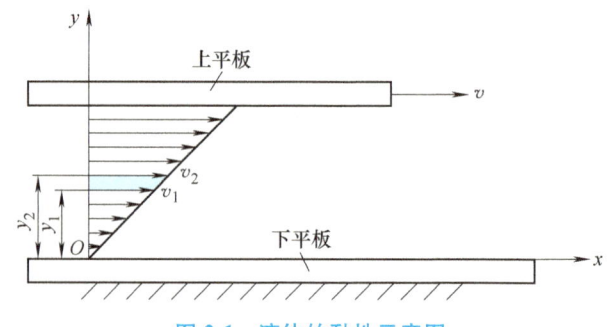

图 2-1 液体的黏性示意图

实验测定结果给出这样一个结论：液体流动时相邻液层间的内摩擦力 F 与液层接触面积 A、液层间相对运动的速度梯度 $(v_2-v_1)/(y_2-y_1)$ 成正比，即

$$F = \mu A \frac{v_2 - v_1}{y_2 - y_1} \qquad (2\text{-}1)$$

式中 μ——比例常数,又称为黏性系数或动力黏度。

若以 τ 表示液体内摩擦切应力,即液层间在单位面积上的内摩擦力为

$$\tau = \frac{F}{A} = \mu \frac{v_2 - v_1}{y_2 - y_1} \qquad (2\text{-}2)$$

这就是牛顿液体内摩擦定律。这个定律告诉我们,液体的黏性是液体流动时所具有的内摩擦力的性质。液体只有在流动时才会呈现黏性,静止液体不呈现黏性。

2. 液压油液的黏度

液压油液的黏度取自于式(2-1)或式(2-2)中的 μ,即比例常数。在我国常用的黏度表示法有 3 种。

(1)动力黏度 μ 动力黏度就是式(2-1)或式(2-2)中的比例常数,其物理意义是:液体在单位速度梯度下流动时接触液层间的内摩擦切应力(单位面积上的内摩擦力)。

在国际单位制中,动力黏度的单位为 $Pa \cdot s$。

(2)运动黏度 ν 动力黏度 μ 与其密度 ρ 的比值,称为运动黏度,用 ν 表示。运动黏度 ν 没有明确的物理意义,因为在其单位中只有长度与时间的量纲,所以称其为运动黏度,在液压油液的牌号中,用来表示油液的黏度大小。

在国际单位制中,运动黏度的单位为 m^2/s,它与常用单位 St(斯)和 cSt(厘斯)之间的关系是

$$1m^2/s = 10^4 cm^2/s \ (St) = 10^6 mm^2/s \ (cSt)$$

(3)相对黏度 相对黏度又称条件黏度。由于测量仪器和条件不同,各国采用的相对黏度的含义也不同,如美国采用赛氏黏度(SSU);英国采用雷氏黏度(R);我国、德国和俄罗斯采用恩氏黏度(°E)。

有关恩氏黏度°E 的内容,可参考有关资料。

3. 油液黏度与压力的关系

当液体所受的压力增加时,其分子间的距离减小,内聚力增加,因此黏度也会随之增大。一般来说,当液压系统的工作压力小于 10MPa 且压力变化较小时,对黏度影响较小,可忽略不计;只有当液压系统的工作压力较高且变化较大时,才需考虑压力对黏度的影响。

4. 油液黏度与温度的关系

液压油液的黏度对温度的变化十分敏感,温度升高,黏度下降。这种油液黏度随温度变化的性质称为黏温特性。黏度与温度的关系也可从图 2-2 所示的国产常用液压油液黏温图中查出。由图可知,温度对油液黏度的影响较大,必须引起重视。

2.1.2 液体的静力学性质

液体的静力学性质是指液体处于相对平衡状态下的力学规律及其特性。这里所说的相对平衡是指液体内部各个质点间没有相对位移。

1. 液体的静压力

当液体相对静止时,液体单位面积上所受的法向力称为液体的静压力,用 p 表示,即

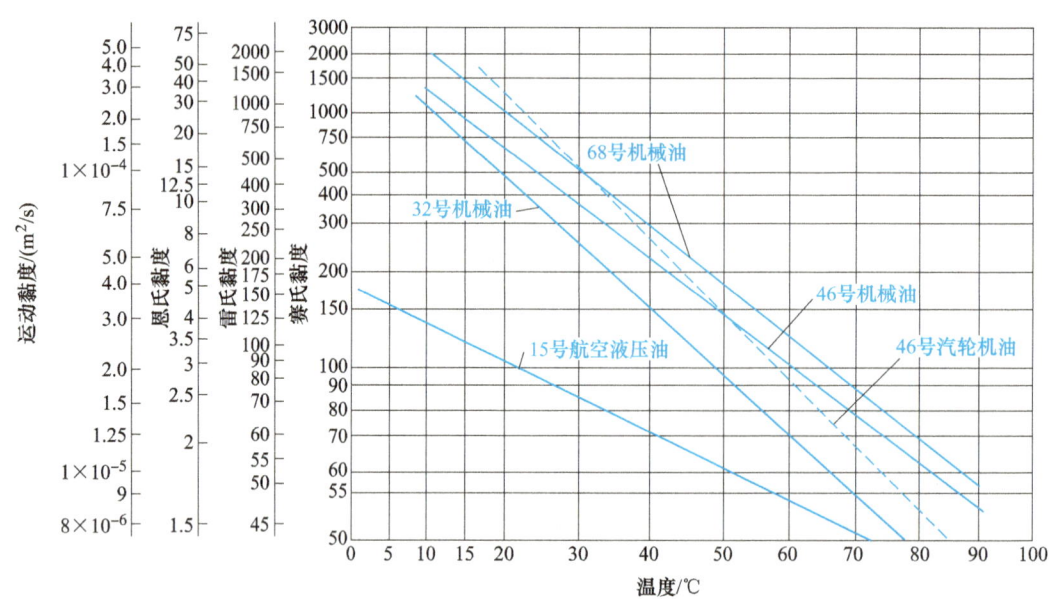

图 2-2　几种国产常用液压油液黏温图

$$p = \frac{F}{A} \tag{2-3}$$

在国际单位制中，压力的单位为 N/m² 或 Pa（帕斯卡）。由于 Pa 单位太小，在工程中使用不便，因而常采用 kPa（千帕）或 MPa（兆帕）。

$$1\text{MPa} = 10^3 \text{kPa} = 10^6 \text{Pa}$$

一个标准大气压（atm）与兆帕（MPa）之间的换算关系为

$$1\text{atm} = 0.101325\text{MPa}$$

2. 帕斯卡原理

1651—1654 年，法国物理学家布莱士·帕斯卡研究了液体静力学的各种效应。经过数年的观察、实验和思考，综合成《论液体的平衡和空气的重力》一书，提出了著名的帕斯卡原理（或称帕斯卡定律）：在密闭容器中，由外力作用施加在密闭液体上的压力，必然按照其原来的大小由液体向各个方向等值传递。

根据帕斯卡原理，在密闭液体系统中的一个活塞上施加一定的压力，必将在另一个活塞上产生相同的压力增量。如果第二个活塞的面积是第一个活塞的面积的 10 倍，那么作用于第二个活塞上的力将增大为第一个活塞的 10 倍，而两个活塞上的压力仍然相等。水压机就是帕斯卡原理的应用实例。

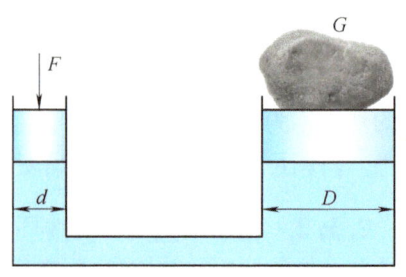

图 2-3　帕斯卡原理应用实例

例 2-1　图 2-3 所示为相互连通的两个液压缸，已知大缸内径 $D=100\text{mm}$，小缸内径 $d=20\text{mm}$，在大活塞上放一重物 $G=20000\text{N}$。问在小活塞上应加多大的力 F 才能使大活塞顶起重物？

解　根据帕斯卡原理，由外力产生的压力 p 在两缸中相等，即

$$\frac{4F}{\pi d^2} = \frac{4G}{\pi D^2}$$

故顶起重物时在小活塞上应加的力 F 为

$$F = \frac{d^2}{D^2}G = \frac{20^2}{100^2} \times 20000\text{N} = 800\text{N}$$

由此例可知，液压装置具有力的放大作用。液压千斤顶或液压机就是利用这个原理工作的。若 $G=0$，则 $F=0$，液体内的压力 $p=0$；若 G 增大，则液体内的压力 p 增大，推力 F 也增大。这说明液压系统中的工作压力取决于负载。

3. 绝对压力、相对压力、真空度

压力有两种表示方法：一种是以绝对真空作为基准所表示的压力，称为绝对压力；另一种是以大气压作为基准所表示的压力，称为相对压力。绝对压力与相对压力的关系如下。

1）当绝对压力大于大气压时，相对压力称为表压力，即

相对压力（表压力）= 绝对压力 - 大气压力

2）当绝对压力小于大气压时，相对压力称为真空度，即

相对压力（真空度）= 大气压力 - 绝对压力

2.1.3 液体的动力学性质

液体的动力学性质是指液体在流动状态下的运动规律及其特性，以及作用在液体上的力与流动液体之间的运动与能量关系。

1. 基本概念

（1）理想液体和稳定流动　由于实际液体具有黏性和可压缩性（液体的可压缩性比钢大100~150倍），为简单起见，在讨论液体的动力学性质时，假定液体为无黏性、不可压缩的理想液体，然后再根据实际情况加以修正和补充。

液体在流动时，若液体中任一点处的压力、流速和密度不随时间而变化，则称为稳定流动。稳定流动与时间无关，讨论起来比较方便。

（2）流量和平均流速　流量和平均流速是描述液体流动的主要参数，液体在管道中流动时，通常将垂直于液体流动方向的截面称为通流截面或过流断面。

1）流量。单位时间 t 内流过某一过流断面 A 的液体体积 V 称为流量，用 q 表示，即

$$q = \frac{V}{t} \tag{2-4}$$

在国际单位制中，流量的单位为 m^3/s，有时也用 L/min 表示，换算关系为 $1\text{m}^3/\text{s} = 6\times 10^4 \text{L/min}$。

2）平均流速。由于液体流动时都具有黏性，各液层之间存在相对速度，按图2-1所示进行计算就很不方便，因而引入平均流速的概念，即假设过流断面 A 上各点的流速均匀分布，则计算平均流速 v 的公式为

$$v = \frac{q}{A} \tag{2-5}$$

在实际应用中，平均流速才具有应用价值。液压缸工作时，活塞运动的速度就等于缸内液体的平均流速，而且活塞运动速度的大小由输入液压缸的液体流量来确定。

(3) 液体的流动状态　液体的流动状态有两种：层流和紊流。这两种流动状态的物理现象可以通过一个实验观察到。

图 2-4 所示为雷诺实验装置，水箱 3 由进水管不断供水，多余的液体从溢流装置 6 溢走，以保持水箱上端的水位稳定不变。水箱 3 下部装有水平玻璃管 4，出口处用阀门 5 控制管内液体的流速。墨水瓶 1 内盛有红颜色的墨水，其上的开关打开时，红墨水经细管 2 流入水平玻璃管 4 中。打开阀门 5，开始时液体流速较小，红墨水在水平玻璃管 4 中呈一条明显的直线，与水平玻璃管 4 中的清水流互不混杂。这说明管中水流是分层的，层和层之间互不干扰，液体的这种液态就是层流；当逐步开大阀门 5，使水平玻璃管 4 中液体的流速逐步增大到一定流速时，可以看到红墨水线开始呈现波纹状，此时为过渡阶段；阀门 5 再开大时，流速进一步加大，水平玻璃管 4 中的红墨水流和清水完全混合，红墨水线完全消失，这种流动状态就是紊流。

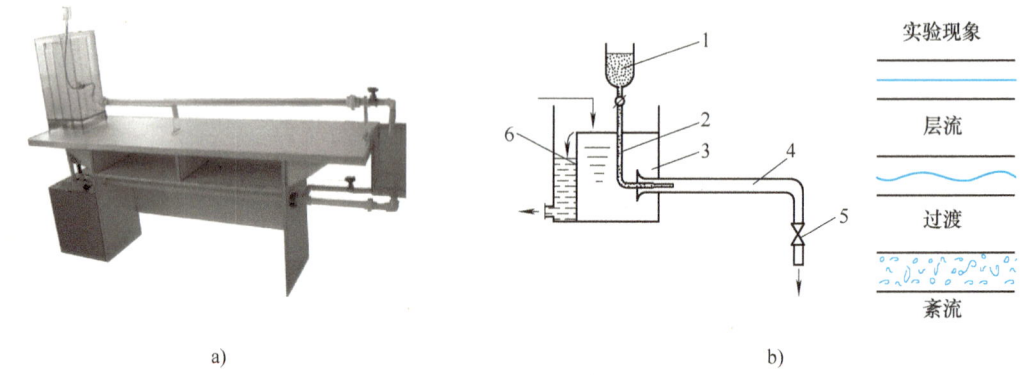

图 2-4　雷诺实验装置
a) 雷诺实验装置实物图　b) 雷诺实验原理示意图
1—墨水瓶　2—细管　3—水箱　4—水平玻璃管　5—阀门　6—溢流装置

实验证明：液体在管中的流动状态与管内液体的平均流速 v、管道水力直径 d_H 和液体的运动黏度 ν 有关。三者之间的关系可以用下式来表达，即

$$Re = \frac{v d_H}{\nu} \tag{2-6}$$

式中　Re——雷诺数；
　　　v——平均流速（m/s）；
　　　d_H——水力直径（m）；
　　　ν——液体运动黏度（m²/s）。

水力直径 d_H 用下式计算

$$d_H = \frac{4A}{x} \tag{2-7}$$

式中　A——管道过流断面面积（m²）；
　　　x——湿周长度，指在过流断面处与液体相接触的固体壁面的周长（m）。

如对于圆管，有

$$d_H = 4 \times \frac{\pi d^2}{4} / (\pi d) = d$$

液体层流流动时的能量损失较小,紊流时的能量损失较大,因此应尽量使液体的流动保持在层流状态。液体流动时呈现出的状态是层流还是紊流,可以用液体的实际雷诺数 Re 与临界雷诺数 Re_{cr} 相比较的结果进行判别:当 $Re < Re_{cr}$ 时,液流为层流;当 $Re \geq Re_{cr}$ 时,液流为紊流。

常见管路的液流临界雷诺数 Re_{cr} 见表 2-1。

表 2-1 常见管路的液流临界雷诺数 Re_{cr}

管路形状	临界雷诺数 Re_{cr}	管路形状	临界雷诺数 Re_{cr}
光滑金属圆管	2300	带沉割槽同心环状缝隙	700
橡胶软管	1600~2000	带沉割槽偏心环状缝隙	400
光滑同心环状缝隙	1100	圆柱形滑阀阀口	260
光滑偏心环状缝隙	1000	锥阀阀口	20~100

2. 连续性方程

连续性方程是质量守恒定律在液体动力学中的一种表达形式。设液体在图 2-5 所示的管道内做稳定流动,若任取两个过流断面 A_1 和 A_2,此两个过流断面上液体的密度均为 ρ,速度分别为 v_1、v_2。假定液体不可压缩,则根据质量守恒定律,在同一时间内流过两个过流断面的液体质量相等,即

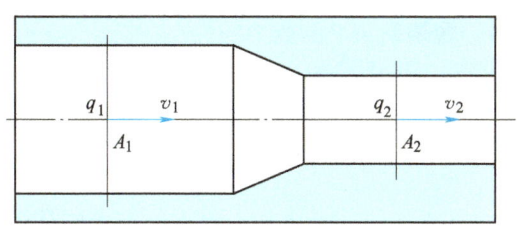

图 2-5 液流连续性原理

$$\rho v_1 A_1 = \rho v_2 A_2$$
$$v_1 A_1 = v_2 A_2 = 常量 \tag{2-8}$$

亦可得

$$q_1 = q_2 = q \text{ 或 } q = vA = 常量$$

2.1.4 液压系统的压力损失

在液压系统中流动的液体由于具有黏性和不同的流态等产生的阻力,就造成了一部分能量损失。液压管路中的能量损失表现为液体的压力损失。压力损失分为沿程压力损失和局部压力损失。

1. 液体流过等径直管的沿程压力损失 Δp_λ

液体在等径直管中流动时因内外摩擦力而产生的压力损失,称为沿程压力损失。它主要取决于液体的密度、流速、黏性、管道长度和管道内径等因素。液体流经等径 d 的直管时,在管长 l 段上的沿程压力损失计算式为

$$\Delta p_\lambda = \lambda \frac{l}{d} \frac{\rho v^2}{2} \tag{2-9}$$

式中 λ——沿程阻力系数,层流时 $\lambda = 75/Re$,紊流时 $\lambda = 0.3164 Re^{-0.25}$。

2. 管路内的局部压力损失 Δp_ξ

液体流经管道的弯头、接头、突变截面等处时，致使流速的方向和大小发生剧烈变化，形成旋涡、脱流，因而使液体质点间相互撞击，造成能量损失，这种能量损失表现为局部压力损失，其计算公式为

$$\Delta p_\xi = \xi \frac{\rho v^2}{2} \tag{2-10}$$

式中　ξ——局部阻力系数，由实验求得，一般可查有关手册。

3. 液体流过各种阀类的局部压力损失 Δp_V

液体流过各种阀类元件时的局部压力损失，常用下列经验公式计算

$$\Delta p_V = \Delta p_n \left(\frac{q}{q_n}\right)^2 \tag{2-11}$$

式中　Δp_n——阀在额定流量下的局部压力损失，可从阀的样本手册中查得；
　　　q_n——阀的额定流量；
　　　q——流过阀的实际流量。

4. 管路系统总的压力损失

管路系统中总的压力损失等于所有沿程压力损失 Δp_λ、所有管路内局部压力损失 Δp_ξ 与所有阀类元件局部压力损失 Δp_V 之和，即

$$\sum \Delta p = \sum \Delta p_\lambda + \sum \Delta p_\xi + \sum \Delta p_V \tag{2-12}$$

液压传动系统中的压力损失，绝大部分转变为热能，会造成油温升高，泄漏增多，使液压传动效率降低，甚至影响系统的工作性能，因此应尽量减少压力损失。布置管路时，应尽量缩短管道长度、减少管道弯曲和截面的突然变化，管内壁力求光滑，选用合理的管径，尽量保持管道中的液体流态为层流，以提高系统效率。

2.1.5 液体流经各类孔口的流量

液压传动中常利用液体流经阀的小孔来控制液体的流量和压力，达到调速和调压的目的。各类孔口的流量压力特性可综合写成下式

$$q = KA\Delta p^m \tag{2-13}$$

式中　K——由孔口的形状、尺寸和液体性质决定的系数，对细长孔，$K = d^2/(32\mu l)$；对薄壁孔，$K = C_q (2/\rho)^{0.5}$，其中 C_q 为流量系数，一般取 $0.6\sim0.8$；
　　　m——由孔的长径比决定的指数，薄壁孔取 0.5，细长孔取 1，短孔取 $0.5\sim1$。

2.2　液压油液的类型及选用

2.2.1　液压油液的分类

在液压传动系统中使用的液压油液，根据 GB/T 7631.1—2008《润滑剂、工业用油和有关产品（L类）的分类　第1部分：总分组》和 GB/T 7631.2—2003《润滑剂、工业用油和相关产品（L类）的分类　第2部分：H组（液压系统）》规定，其类别为 L 类（润滑剂、

工业用油和有关产品），组别为 H 组（液压系统），具体分类情况见表 2-2。

表 2-2　液压油液的分类

类别	组别符号	应用范围	特殊应用	应用场合	液压油液名称	产品符号 ISO-L	典型应用	备注
L	H	液压系统	流体静压系统	矿物油型和合成烃型液压油应用场合较为广泛	无抑制剂的精制矿油	HH		
					抗氧防锈液压油	HL		
					抗磨液压油	HM	有高负荷部件的一般液压系统	
					高黏度指数液压油	HR		
					低温抗磨液压油	HV	建筑和船舶设备	
					超低温抗磨液压油	HS		特殊性能
				用于要求使用环境可接受液压液的场合	甘油三酸酯液压液	HETG	一般液压系统（可移动式）	每个品种的基础液的最小含量应不少于70%（质量分数）
					聚乙二醇液压液	HEPG		
					合成酯液压液	HEES		
					聚α烯烃和相关烃类液压液	HEPR		
				液压导轨系统	液压导轨油	HG	液压和滑动轴承导轨润滑系统合用的机床在低速下使振动或间断滑动（黏-滑）减为最小	这种液体具有多种用途，但并非在所有液压应用中皆有效
				用于使用难燃液压液的场合	水包油型乳化液	HFAE		通常含水量大于80%（质量分数）
					化学水溶液	HFAS		通常含水量大于80%（质量分数）
					油包水乳化液	HFB		
					含聚合物水溶液	HFC		通常含水量大于35%（质量分数）
					磷酸酯无水合成液	HFDR		
					其他成分的无水合成液	HFDU		
			流体动力系统	自动传动系统		HA		与这些应用有关的分类尚未进行详细的研究，以后可以增加
				耦合器和变矩器		HN		

2.2.2　液压油液产品代号的命名规则

根据 GB/T 498—2014《石油产品及润滑剂分类方法和类别的确定》的规定，液压油液产品代号的整体组成如下。

1) 词首为 ISO。

2) 润滑剂、工业用油和相关产品的分类用字母"L"表示，该前缀字母应和其他符号用短横"—"相隔。

3) 品种。由一组英文字母（1~4 个）所组成，其中首字母是表示组别，当首字母为"H"时，表示组别为"液压系统"；后续字母表示具体的液压油液品种。

4) 数字，位于产品名称的最后，其含义为液压油液的 ISO 黏度等级。

根据上述规则，液压油液产品代号的一般形式及示例如下。

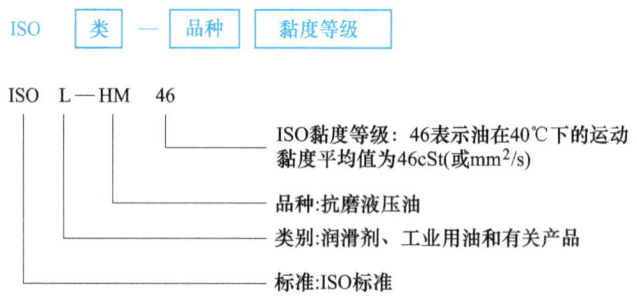

或用简式

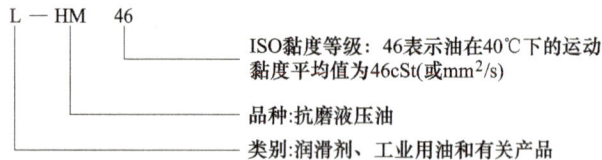

图 2-6 所示为国产昆仑液压油和长城液压油（桶装）的产品实例。

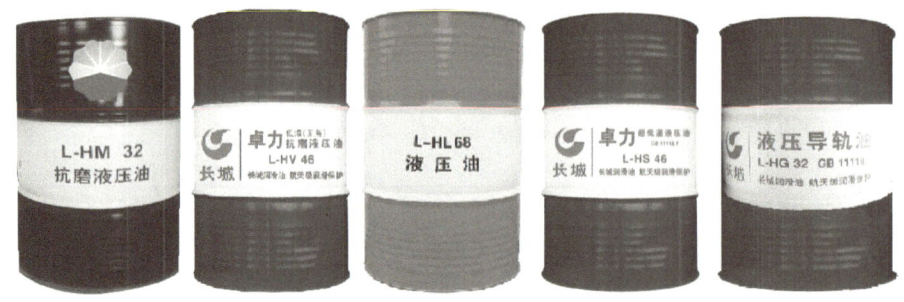

图 2-6 部分国产液压油产品（桶装）

2.2.3 液压油液的选用

选用液压油液时，应首先考虑液压系统环境条件、工作条件、油液质量和系统技术经济性等。表 2-3 给出了常用液压油液的产品代号、运动黏度系列和主要应用场合。

表 2-3　常用液压油液的选用

产品代号		运动黏度/cSt	用途
液压油	L-HH	15、22、32、46、68、100、150	适用于对润滑油无特殊要求的一般低压液压系统
	L-HL	15、22、32、46、68、100、	适用于换油周期较长的低压液压系统
	L-HM	15、22、32、46、68、100、150	适用于低、中、高压液压系统
	L-HR	15、32、46	适用于环境温度变化较大、工作恶劣的低压液压系统
	L-HV	15、22、32、46、68、100、150	适用于环境温度变化较大、工作恶劣的中、高压液压系统
	L-HS	10、15、22、32、46	适用于我国北方寒季条件下的液压系统
	L-HG	15、22、32、46、68、100、150	适用于传动和润滑合用的机床液压系统
环境可接受液压液	L-HETG		适用于工作环境为林区、牧区、水源地、农田使用的移动式机械液压系统，防止对环境造成污染。目前，其标准正在制定中
	L-HEPG		
	L-HEES		
	L-HEPR		
难燃液压液	L-HFAE	7、15、22、32	适用于煤炭支架静压系统和要求有良好难燃性的液压系统
	L-HFAS	7、15、22、32	适用于需要难燃的低压液压系统
	L-HFB	22、32、46、68、100	适用于中、高压，高温，易燃场合的液压系统
	L-HFC	15、22、32、46、68、100	适用于冶金、煤炭低、中压液压系统
	L-HFDR	15、22、32、46、68、100	适用于冶金、火力发电等高温、高压下操作的液压系统

2.3　液压油液的污染控制与净化

液压系统工作一段时间后，由于使用、管理和维护等因素，液压油液会受到不同程度的污染，常常会使液压系统发生故障而失去工作能力。因此，对液压油液的污染控制与净化是十分重要的。

2.3.1　液压油液的污染度

油液污染度是指单位容积油液中固体颗粒的含量。为了便于对油液的污染程度进行分析与检测，我国制定了有关油液固体颗粒污染标准 GB/T 14039—2002《液压传动　油液　固体颗粒污染等级代号》。

1. 油液污染等级代码的规定

表 2-4 为国家标准 GB/T 14039—2002 中油液污染等级代码的确定。

1）油液污染等级代码是在规定颗粒尺寸的前提下，通过检测单位体积油液中的固体颗粒数，并按表 2-4 转换成的等级代码。这样做可以简化颗粒计数数据的报告形式。等级代码每增加一级，颗粒数一般增加一倍。

2）在表 2-4 中，按照每毫升油液中的固体颗粒数，油液污染被划分成 30 个等级。颗粒浓度越高，等级代码越大，表示单位体积的油液中所含的固体颗粒数也越多。

3）检测油液污染的方法有两种：一种是采用自动颗粒计数器计数；另一种是采用显微镜计数。本书仅介绍前一种方法。

表 2-4　油液污染等级代码的确定（摘自 GB/T 14039—2002）

等级代码	每毫升油液中的固体颗粒数		等级代码	每毫升油液中的固体颗粒数	
	>	≤		>	≤
>28	2500000		14	80	160
28	1300000	2500000	13	40	80
27	640000	1300000	12	20	40
26	320000	640000	11	10	20
25	160000	320000	10	5	10
24	80000	160000	9	2.5	5
23	40000	80000	8	1.3	2.5
22	20000	40000	7	0.64	1.3
21	10000	20000	6	0.32	0.64
20	5000	10000	5	0.16	0.32
19	2500	5000	4	0.08	0.16
18	1300	2500	3	0.04	0.08
17	640	1300	2	0.02	0.04
16	320	640	1	0.01	0.02
15	160	320	0	0	0.01

2. 油液污染等级代号的组成

当采用自动颗粒计数器计数方法确定油液污染等级代号时，其等级代号由 3 个油液污染等级代码组成。这 3 个油液污染等级代码应按次序书写，相互间用一条斜线分隔，即

4μm 油液污染等级代码/6μm 油液污染等级代码/14μm 油液污染等级代码

具体规定如下：

1）第一个油液污染等级代码按固体颗粒尺寸≥4μm（c）的颗粒数来确定；

2）第二个油液污染等级代码按固体颗粒尺寸≥6μm（c）的颗粒数来确定；

3）第三个油液污染等级代码按固体颗粒尺寸≥14μm（c）的颗粒数来确定。

例 2-2　某液压油的油液污染等级代号为 22/18/13，试说明其计数方法和含义。

解　采用自动颗粒计数器进行计数。

第一个代码 22 表示每毫升油液中尺寸≥4μm（c）的颗粒数为 20000～40000（包括 40000 在内）；

第二个代码 18 表示每毫升油液中尺寸≥6μm（c）的颗粒数为 1300～2500（包括 2500 在内）；

第三个代码 13 表示每毫升油液中尺寸≥14μm（c）的颗粒数为 40～80（包括 80 在内）。

2.3.2　液压系统的清洁度

不同的液压系统，对油液的清洁度要求也不同。表 2-5 给出了典型液压系统的清洁度。

表中粗实线表示该液压系统允许的清洁度范围,超出了(即污染)就要及时更换油液。

表 2-5 典型液压系统的清洁度

系统类型	清洁度指标(油液污染等级代号)						
	16/13/10	17/14/11	18/15/12	19/16/13	20/17/14	22/19/16	23/20/17	24/21/18
液压伺服系统	━━━━━━━━	━━━━━━━━						
高压液压系统		━━━━━━━━	━━━━━━━━					
中压液压系统			━━━━━━━━	━━━━━━━━				
低压液压系统				━━━━━━━━	━━━━━━━━			
数控机床液压系统		━━━━━━━━	━━━━━━━━					
冶金轧钢液压系统			━━━━━━━━	━━━━━━━━				
行走机械液压系统			━━━━━━━━	━━━━━━━━				
重型设备液压系统				━━━━━━━━	━━━━━━━━			
机床液压系统				━━━━━━━━	━━━━━━━━			
一般机器液压系统					━━━━━━━━	━━━━━━━━		

2.3.3 液压油液的净化

液压油液的净化包括过滤器过滤和滤油机过滤两种方式。过滤的目的就是滤去油液中的各种杂质颗粒,提高油液的清洁度,延长液压系统的使用寿命。

1. 过滤器过滤

过滤器是固定安装在液压系统各管路上,对油液进行过滤的装置。油液流经过滤器时,滤芯将油液中的杂质保持在液流的流入端,流出端为洁净的油液。根据过滤器在油路中的位置,过滤器分为进油过滤器、压力管路过滤器和回油过滤器,如图 2-7 所示。

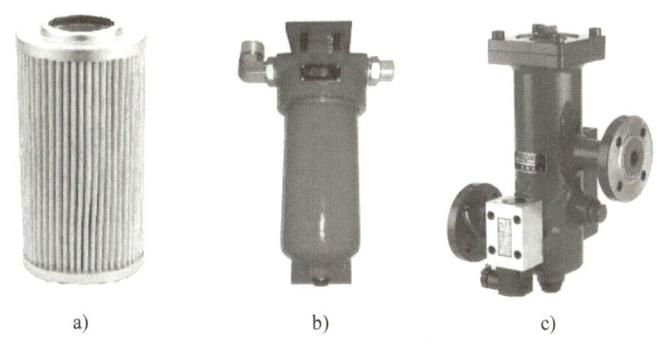

a)   b)   c)

图 2-7 过滤器

a)进油过滤器 b)压力管路过滤器 c)回油过滤器

2. 滤油机过滤

图 2-8 所示为精密滤油机。精密滤油机由精密的滤油器并联数个配管、液压泵、液压马达、真空表、压力表、吸入过滤网、电磁开关和铁架等组成,自成一个过滤系统。其下方安装有轮子,方便移动使用。精密滤油机适用于集中过滤或同一油类的各式机械轮流过滤,过滤过程简单且效果好。

图 2-8　精密滤油机

2.4　项目教学指导

 阅读：中国石油工业

中国近代石油工业萌芽于 19 世纪中叶，经过了多年的艰苦历程，直到新中国成立前夕，它的基础仍然极其薄弱。

新中国成立后，我国石油工业得到快速发展，相续勘探、开发、建设了克拉玛依、大庆、辽河、胜利、大港、渤海、东海和南海等特大型油气田和石油炼化基地（图 2-9）。改革开放以来，经国有资产重组，成立了由中央直接管理的中国石油天然气集团公司、中国石油化工集团公司和中国海洋石油总公司。

海上钻井平台　　　　　　　　　油田采油区　　　　　　　　　石油炼化企业

图 2-9　石油工业

阅读视频 1：中国石油

中国石油天然气集团公司（China National Petroleum Corporation，英文缩写 CNPC，中文简称中国石油）是由中央直接管理的国有特大型骨干企业，是以油气业务、石油工程技术服务、石油工程建设、石油装备制造、新能源开发等为主营业务的综合性国际能源公司，是中国主要的油气生产商和供应商之一。

中国石油下辖的油气田企业所在地区主要有：大庆、盘锦、西安、库尔勒、克拉玛依、西昌、松原、天津、吐鲁番、哈密、唐山、酒泉和杭州等。

中国石油下辖的石油炼化企业所在地区主要有：大庆、吉林、抚顺、辽阳、兰州、克拉玛依、乌鲁木齐、宁夏、大连、锦州、葫芦岛、天津、呼和浩特和克拉玛依等。

阅读视频2：中国石化

中国石油化工集团公司（英文缩写Sinopec Group，中文简称中国石化）是1998年7月国家在原中国石油化工总公司基础上重组成立的特大型石油石化企业集团，主营业务范围主要包括：石油、天然气的勘探、开采、储运（含管道运输）、销售和综合利用；石油炼制；成品油贮存、运输、批发和零售；石油化工、天然气化工、煤化工及其他化工产品的生产、销售、贮存、运输等。

中国石化下辖的油气田企业所在地区主要有：濮阳、南阳、潜江、扬州、上海和乌鲁木齐等。

中国石化下辖的石油炼化企业所在地区主要有：北京、淄博、上海、南京、茂名、天津、广州、安庆、荆门、洛阳、九江、武汉、沧州、北海、西安等。

阅读视频3：中国海油

中国海洋石油总公司（简称中国海油）于1983年2月25日成立，经营范围包括陆上采油（气）、海上采油（气）、钻井、物探、测井、录井、井下作业、贮运、危险化学品生产等。截至2019年，中国海油在中国海上拥有四个主要产油地区：渤海（天津）、南海西部（湛江）、南海东部（深圳）和东海（上海）。

 教学视频：液压油液的命名规则与牌号

液压油液是从原油中提炼出来的一种专门用于液压传动的工业润滑油，即

原油（分馏）→ 重油 → L类 → 工业润滑油 → H组：液压油液

教学视频1：液压油液命名规则

按国家标准GB/T 498—2014《石油产品及润滑剂 分类方法和类别的确定》规则，石油产品被划分成五个大类，见表2-6。

表2-6 石油产品和有关产品的总分类

类别	类别的含义
F	燃料
S	溶剂和化工原料
L	润滑剂、工业润滑油和有关产品
W	蜡
B	沥青

表2-6中，L类为润滑剂、工业润滑油和有关产品，按GB/T 7631.1—2008《润滑剂、工业用油和有关产品（L类）的分类 第1部分：总分组》的分类规则，L类石油产品又被划分成18组，其中H组为用于液压系统的液压油液，见表2-7。

表 2-7 润滑剂、工业用油和有关产品（L 类）的分类

组别	应用场合	已制定的国家标准编号
A	全损耗系统 Total loss systems	GB/T 7631.13
B	脱模 Mould release	—
C	齿轮 Gears	GB/T 7631.7
D	压缩机（包括冷冻机和真空泵）Compressors（including refrigeration and vacuum pumps）	GB/T 7631.9
E	内燃机油 Internal combustion engine oil	GB/T 7631.17
F	主轴、轴承和离合器 Spindle bearings, bearings and associated clutches	GB/T 7631.4
G	导轨 Slideways	GB/T 7631.11
H	液压系统 Hydraulic systems	GB/T 7631.2
M	金属加工 Metalworking	GB/T 7631.5
N	电器绝缘 Electrical insulation	GB/T 7631.15
P	气动工具 Pneumatic tools	GB/T 7631.16
Q	热传导液 Heat transfer fluid	GB/T 7631.12
R	暂时保护防腐蚀 Temporary protection against corrosion	GB/T 7631.6
T	汽轮机 Turbines	GB/T 7631.10
U	热处理 Heat treatment	GB/T 7631.14
X	用润滑脂的场合 Grease	GB/T 7631.8
Y	其他应用场合 Miscellaneous	—
Z	蒸汽气缸 Cylinders of steam machines	

对液压油液的进一步细分，见表 2-2。其中环境可接受液压液是最新用于液压传动的液压液，主要用于防止环境污染的场合，如林区、水源地和农业等，其标准正在制定中。但在已有的标准中，已见到该类液压液，因此本书将其编入。

本教学视频按照这样一个脉络，一步步清晰地表达出液压油液在石油产品分类中的确切位置及其特性，对正确理解和选用液压油液会有帮助。

本教学视频内容为液压油液的命名规则，这在生产实践中是非常需要的，因此在教学中结合观看视频对其加深了解和掌握。

教学视频 2：昆仑润滑油

昆仑润滑油为中国石油天然气股份有限公司润滑油分公司（简称中国石油润滑油公司）下属品牌，昆仑产品获国家免检产品殊荣，"昆仑"已经成为中国名牌和中国驰名商标，是全球十大润滑油品牌之一。

中国石油润滑油公司于 2000 年 12 月 19 日正式挂牌成立，是中国石油天然气股份有限公司的直属企业，是集生产、研发、销售、服务于一体的专业化润滑油公司。公司现有 2 个研究开发中心、12 个润滑油生产厂、6 个销售分公司，生产 28 个大类 700 多个牌号的润滑油（脂、剂）产品，润滑油科研开发能力在国内处于领先水平。公司的多种产品先后获得美国石油协会（API）、宝马（BMW）、西门子（SIEMENS）、通用（GM）等国际知名协会与品牌的认可，同时分别被中国第一汽车集团有限公司、上海汽车集团股份有限公司、东风汽车股份有限公司、北汽福田汽车股份有限公司、徐州工程机械集团有限公司等多家汽车及设备生产企业选为装车与服务用油。公司生产的昆仑润滑油（脂、剂）产品类别见表 2-8，

液压系统用油如图 2-10 所示。

表 2-8 昆仑润滑油（脂、剂）产品分类

车用油	工业油	船用油	润滑脂	特种油
汽油机油	工业齿轮油	船用气缸油	通用润滑脂	电器绝缘用油
柴油机油	液压系统用油	船用系统油	汽车用润滑脂	橡胶填充油
车辆齿轮油	汽轮机油	船用中速机油	机床/工程机械用润滑脂	
摩托车油	冷冻机油	船用内燃机油	冶金行业用润滑脂	
燃气发动机油	固定式燃气发动机油	船舶专用清洗油	特种行业用润滑脂	
制动液	压缩机油	护航船舶专用油		
冷却液	真空泵油			
风窗玻璃清洗液	金属加工液			
汽柴油清净剂				
柴油尾气净化液				

该视频的重点内容有两项：一是了解昆仑液压油液有哪些品种，从视频中可知，昆仑液压油液不仅有矿物油型和合成烃型液压油、液压导轨油，也有环境可接受型液压液和难燃液压液，可见昆仑液压油液的品种较为齐全，很适宜学生了解更多的液压油液；二是通过实例介绍昆仑液压油的牌号，视频中所介绍的液压油液牌号，在液压传动系统中应用最为广泛的是 HL 型、HM 型、HV 型和 HG 型液压油。液压油液出厂时，其牌号均印制在液压油液包装物（如油桶）最明显的位置，便于识别。由于液压油液的牌号是国家参照相应的 ISO 国际标准规定进行的统一命名，因此通过学习昆仑液压油液的牌号，便可知其他品牌（如壳牌液压油、美孚液压油、长城润滑油等）液压油液牌号的含义。此外，本视频也是对学习液压油液命名规则的必要补充，从而可以更好地掌握有关液压油液选用的基本知识。

实践教学内容的选择与安排。

按照教学目标的要求，本项目着重要解决的是以下问题。

1）液压油液是液压传动中的工作介质。液压油液的物理、化学性能以及静力学和动力学性质，决定液压系统的工作性能，所以了解和熟悉液压油液的基本性质，是学习液压传动的基础。

2）液压油液牌号是表征液压油液全部特征的唯一性基本信息。无论是识别、选用和使用液压油液，或是定期过滤、更换液压油液，都必须以液压油液的牌号为依据。因此，根据液压油液的牌号读懂该油品的性能指标和使用场合，是正确选用液压油液的一项基本功。

3）在生产现场使用的液压系统中，检定液压油液的污染程度与液压油液的净化是经常性的基础工作。做好这项工作，对液压系统适应工作条件，延长系统、元件的寿命和提高系统可靠性等都有重要作用。

可见，本项目可选择的实践教学内容较多，如液压油液的认知、黏度测定、液体流态实验、压力损失的测定、采用自动颗粒计数器测定液压油液的污染程度以及液压油液的净化等，都可作为实践教学内容。受课时的限制，实践教学内容的选择不宜过多，可根据各学校的教学要求和教学设备情况自行确定。设备条件不足时，可采取到企业参观或在油品销售经销店观看液压油液的样品和查阅液压油液的性能指标等介绍资料。

HL
抗氧防锈液压油

HM
抗磨液压油

HM(高压)
抗磨液压油

HM N(高压)
无灰抗磨液压油(高压)

HV N(NAS7)
低温无灰清洁
液压油 NAS7

HML
长寿命液压油

HML N
长寿命无灰液压油

HV N
低温无灰液压油

HS N
超低温无灰液压油

HML N(NAS7)
长寿命无灰清洁
液压油 NAS7

HG
液压导轨油

HV
低温液压油

液力传动油

液压传动制动通用油

HML (NAS7)
长寿命清洁
液压油 NAS7

KH
无灰型全系统用油

HFDU
合成酯型难燃液压油

HM N
混凝土输送设备
专用液压油

HM(高压)(NAS7)
清洁抗磨液压油 NAS7

HM N(高压)(NAS7)
无灰清洁抗磨
液压油 NAS7

HM N(高压)(NAS7)
无灰清洁抗磨
液压油 NAS7

HML (NAS7)
长寿命清洁液压油 NAS7

HML N(NAS7)
长寿命无灰
清洁液压油 NAS7

HV N(NAS7)
低温无灰
清洁液压油 NAS7

HS N(NAS7)
超低温无灰
清洁液压油 NAS7

图 2-10 昆仑润滑油厂家生产的各种液压系统用油

项目考核

一、思考题

1. 你对"压力取决于负载,速度取决于流量"是如何理解的?
2. 液压油液有哪些品种?试根据图2-10选择几种常用牌号的液压油液,并进行说明。
3. 在我国南方和北方,对于相同的液压设备使用的液压油液,在黏度的选择上是否有差异?为什么?

二、填空题

1. 压力的表示方法有两种,一种是_____表示方法,另一种是_____表示方法。
2. 在_____容器中,由_____作用施加在密闭液体上的_____,必然按照其原来的_____,由液体向各个方向_____传递,这就是_____原理。
3. 液压油液的黏度对温度的变化十分_____,温度_____,黏度_____,这种特性称为液压油液的_____特性。

三、计算题

1. 如图2-11所示,两缸结构相同,其中活塞杆直径d与活塞直径D之间的关系为$d=0.707D$;若作用在右缸活塞上的力为F,作用在左缸活塞上的力为$2F$。试求在两力共同作用下,两缸下腔油液的压力p_1和p_2各为多少?

2. 用液压千斤顶顶起轿车,如图2-12所示。已知轿车总质量为1300kg,大缸活塞直径$D=34$mm,小缸活塞直径$d=13$mm,杠杆的尺寸如图所示。试通过计算,求在杠杆端部加多大的力F才能将轿车顶起。

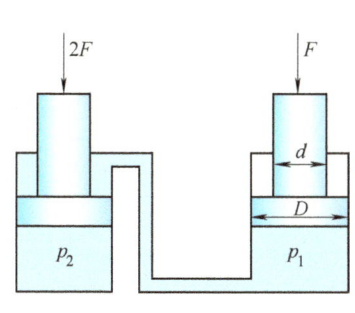

图2-11 计算题1图

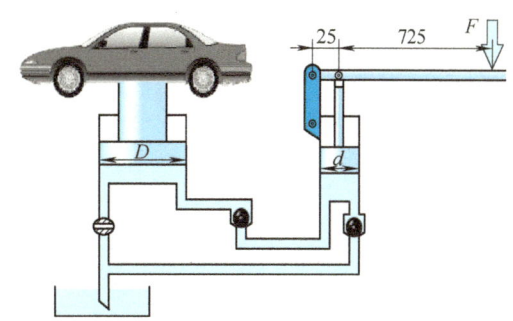

图2-12 计算题2图

四、实践题

1. 在自家厨房里做一个小实验。轻轻打开水龙头,观察水流的流动状态。然后逐渐把水龙头开大,再看水流的状态变化。试用教材上所学知识加以解释。
2. 现有几种采用液压传动的机械设备,如图2-13所示。请参照表2-3为图示液压设备选择液压油液,并写出所用液压油液的产品代号。
3. 到润滑油商城转一转,看看该商城出售哪些润滑油,其中包含几种液压油液,抄写其液压油液的牌号,并用相机拍下产品商标。
4. 参照表2-3,从网上查找十种不同牌号的液压油液,记下牌号,保存好图片,并写出其市场价格。

图 2-13 实践题 2 图
a) 除雪机械　b) 平面磨床　c) 热轧生产线　d) 农业机械

5. 某数控机床液压系统工作一段时间后,对其使用的液压油按 GB/T 14039—2002 标准进行污染检验,共取了 10mL 油液样本。测得该样本油液中尺寸大于或等于 4μm 的固体颗粒数为 26000;尺寸大于或等于 6μm 的固体颗粒数为 3800;尺寸大于或等于 14μm 的固体颗粒数为 720。试根据表 2-4 写出该油液的油液污染等级代码,并根据表 2-5 的要求,判断该油液是否可以继续使用。

项目 3

液压元件的类型与选用

液压元件是维持液压传动系统正常工作不可缺少的基础件，包括液压动力元件、液压执行元件和液压控制元件。它不是最终的产品，只有当以液压元件为主件，组成一个完整的液压系统应用到某设备（如自动化机床、工程机械等）上时，才能发挥作用。

一般来说，大多数液压元件（如液压泵、液压马达和液压控制元件等）由液压专业厂家制造，产品品种已经实现"三化"，用户可以根据需要在网上查询订购，或到企业和市场上直接采购。只有少量液压元件（主要是液压缸）因受所驱动的外部运动部件的结构限制，需要企业自行制造或以订单形式提供给液压专业厂家协作生产。可见，对使用者而言，了解液压元件的工作原理、类型和性能参数，对于正确选用液压元件是非常重要的。此外，对于机械制造类专业学生来说，还应知晓液压缸制造工艺等基本知识。

3.1 液压动力元件

液压动力元件，又称液压泵，是一种能量转换装置，如图 3-1 所示。液压泵将原动机（电动机或内燃机）输出的机械能（转矩 T 和角速度 ω）转换为工作液体的压力能，并以提供一定的压力（p）和流量（q）的形式向液压系统提供能量，起着系统动力源的作用，是液压系统中不可缺少的核心元件。

图 3-1 液压泵与原动机

3.1.1 液压泵的工作原理

图 3-2 所示为内啮合齿轮泵。当齿轮泵按图 3-2a 所示方向旋转时，在吸油腔 1 一侧，密封容积 7 不断增大，形成局部真空，泵从油箱吸油；当轮齿在月牙形隔板 6 处旋转时，密封容积 7 保持不变，使吸油腔 1 一侧的油液被带到压油腔 4 一侧；在压油腔 4 一侧，轮齿进入啮合，密封容积 7 不断变小，实现压油，油液被输入液压系统中。

由此，可以总结出液压泵吸压油的基本条件：
1) 要有相对独立的密封容积。
2) 密封容积能实现周期性地变化。密封容积变大的过程，对应吸油过程；密封容积变小的过程，对应压油过程。

3）具有配油装置。图 3-2a 中月牙形隔板，使吸、压油两腔隔离开，实现了配油。

4）为保证吸油充分，油箱中油液的液面要与大气相通。为减少空气的吸入，建议液压泵吸油口距油箱中的液面高度不超过 0.5m。

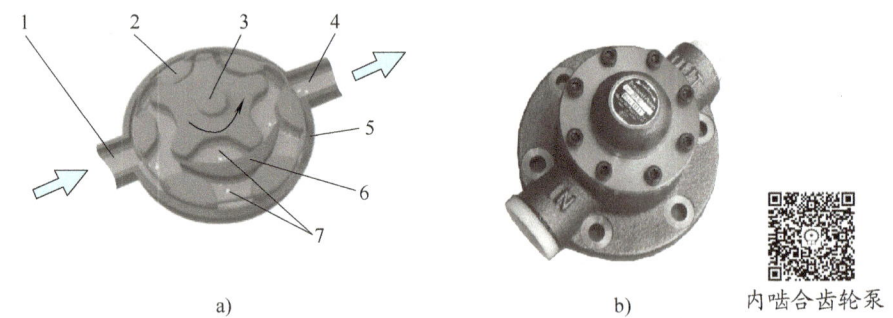

图 3-2　内啮合齿轮泵

a）工作原理图　b）内啮合齿轮泵外形图

1—吸油腔　2—内齿轮（从动齿轮）　3—小齿轮（主动齿轮）　4—压油腔　5—泵体
6—月牙形隔板　7—密封容积

3.1.2　液压泵的分类和图形符号

1. 液压泵的分类

液压泵按结构的不同可以分为齿轮泵、叶片泵、柱塞泵等；按额定压力的不同可以分为低压泵、中压泵、高压泵和超高压泵；按液压泵在单位时间内输出油液体积是否变化可以分为定量泵和变量泵；按其输油方向能否改变可以分为单向泵和双向泵。图 3-3 所示为常用液压泵外形图。

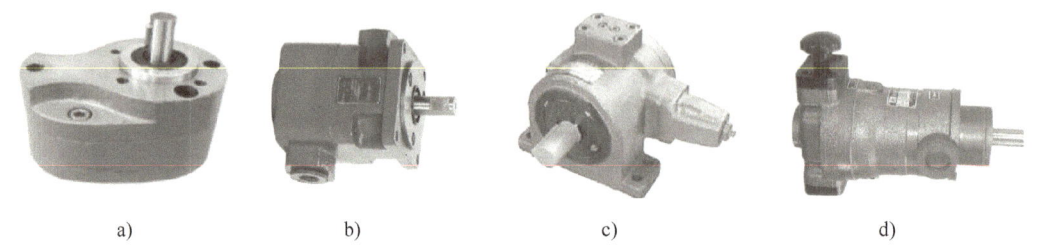

图 3-3　常用液压泵

a）外啮合齿轮泵　b）定量叶片泵　c）变量叶片泵　d）轴向柱塞泵

2. 液压泵的图形符号

液压泵的图形符号如图 3-4 所示。

3.1.3　液压泵的性能参数

1. 液压泵的压力

液压泵的工作压力 p 是指泵工作时输出油液的实际压力，其大小由工作负载决定。液压泵的额定压力 p_n 是按实验标准规定的泵在正常工作条件下可连续运转的最高压力。它受泵

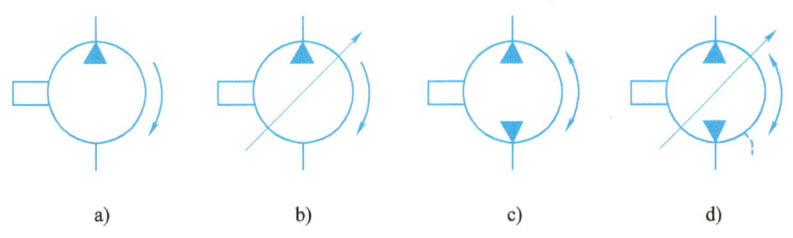

图 3-4 液压泵的图形符号

a）定量液压泵 b）单向变量液压泵 c）双向旋转的双向定量液压泵 d）双向旋转的双向变量液压泵

本身的结构、泄漏、强度和寿命制约。由于液压传动的用途不同，系统所需要的压力也不相同，但泵的工作压力应小于泵的额定压力。液压泵的压力分为几个等级，见表 3-1。

表 3-1 液压泵压力分级

压力等级	低压	中压	中高压	高压	超高压
压力/MPa	≤2.5	>2.5~8	>8~16	>16~32	>32

2. 液压泵的排量和流量

（1）排量 指泵轴每转一周，依据其密封容积几何尺寸的变化量计算而得的液体体积，用 V 表示，常用单位为 m^3/r。排量 V 的大小只取决于泵密封工作腔的几何尺寸，而与泵的转速无关。

（2）流量 液压泵的流量有理论流量、实际流量和额定流量之分。液压泵流量的常用单位为 m^3/s。

1）理论流量 q_t。理论流量是指泵在单位时间内由密封容积的变化计算而得出的排出液体的体积，它等于液压泵的排量 V 与转速 n 乘积，即

$$q_t = Vn \tag{3-1}$$

2）实际流量 q。实际流量是指泵在某工作压力下实际排出的流量。由于泵存在内泄漏，所以泵的实际流量小于理论流量。

3）额定流量 q_n。额定流量指在泵的正常工作条件下，由试验标准规定必须保证的流量。

泵的额定流量、实际流量和理论流量的三者关系为

$$q_n \leqslant q \leqslant q_t \tag{3-2}$$

3. 液压泵的功率和效率

（1）液压泵的功率 由物理学可知，液压泵的功率 P 等于泵的压力 p 与流量 q 的乘积，即

$$P = pq \tag{3-3}$$

（2）液压泵的效率 液压泵在能量转换和传递过程中存在着能量损失，如泵的泄漏造成的流量损失和泵的机械运动副之间的摩擦引起的机械能损失等，因此液压泵的总效率 η 等于泵的输出功率 P_o 与输入功率 P_i 之比，或机械效率 η_m 和容积效率 η_V 的乘积，即

$$\eta = P_o/P_i = \eta_m \eta_V \tag{3-4}$$

液压泵的总效率和容积效率可从手册中查得。

3.1.4 典型液压泵的结构

1. CB 型齿轮泵

CB 型齿轮泵属于低压泵,它是分离三片式结构,如图 3-5 所示。三片是指两侧的泵盖和中间的泵体。泵体内装有一对齿数相等又相互啮合的齿轮。电动机通过联轴器、键等零件,带动长轴(主动齿轮)旋转,从动齿轮通过两齿轮轮齿的啮合反方向旋转。齿轮泵的吸压油原理如图 3-5c 所示。分析方法参照 3.1.1 节内容,观看教学视频演示。

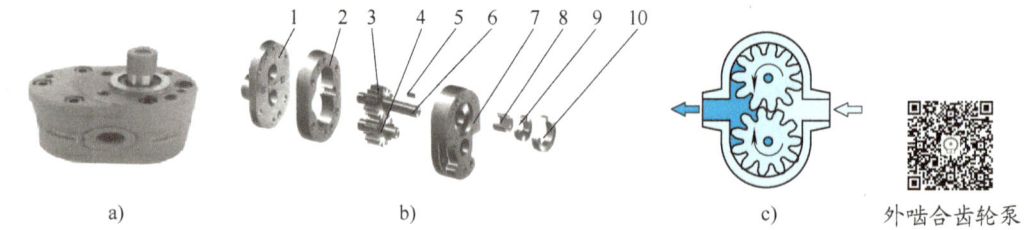

图 3-5 CB 型齿轮泵的结构

a) 外形图 b) 结构展开图 c) 原理图

1—后泵盖 2—泵体 3—主动齿轮 4—从动齿轮 5—键 6—传动轴
7—前泵盖 8—滚针轴承 9—密封圈 10—密封骨架

2. YB 型定量叶片泵的结构

YB 型定量叶片泵属于中压泵,其结构如图 3-6a、b 所示。它由泵盖 3、前泵体 2、后泵体 1、轴 4、吸油腔配油盘 5、转子 9、叶片 6、定子 7、压油腔配油盘 8 等零件组成。定子 7 和转子 9 同轴安装。定子 7 内表面由两段长半径圆弧、两段短半径圆弧和四段过渡曲线组成。叶片 6 与定子 7 上的导向槽形成滑动副。当轴 4 带动转子 9 旋转时,叶片 6 在惯性力的作用下伸出,顶在定子 7 内表面上。这样,就在定子 7 内表面、转子 9 外表面、叶片 6 和两个配油盘之间形成密封容积,如图 3-6c 所示。转子 9 每转一周,实现两次吸油和两次压油,因此定量叶片泵又被称为双作用定量叶片泵。图 3-6a 为泵的外形图;图 3-6b 为内部结构图;图 3-6c 为原理图,分析方法参照 3.1.1 节内容,观看教学视频演示。

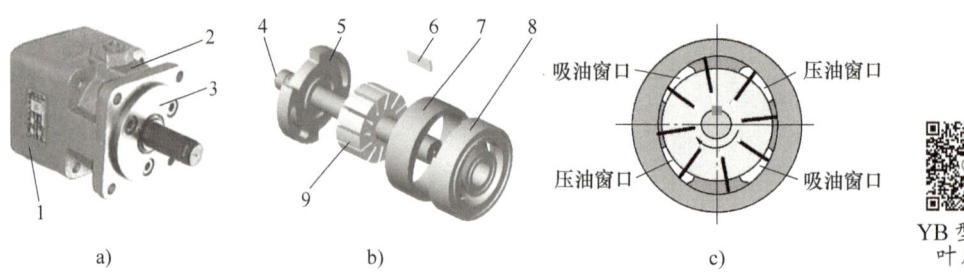

图 3-6 YB 型定量叶片泵

a) 外形图 b) 内部结构展开图 c) 原理图

1—后泵体 2—前泵体 3—泵盖 4—轴 5—吸油腔配油盘 6—叶片 7—定子
8—压油腔配油盘 9—转子

3. YBX 型限压式变量叶片泵

限压式变量叶片泵属于中压泵,结构如图 3-7 所示。这种泵在规定的限定压力条件下,可以随着泵的工作压力变化而自动调节其输出流量的大小,当泵的工作压力小于限定压力时可作为大流量的定量泵,当泵的工作压力大于限定压力时又是小流量的变量泵。因此,这种泵特别适合在低负载时快速运动、有载荷时又自动低速运动的场合,如机床液压系统。

外反馈限压式变量叶片泵的压力流量特性如图 3-8 所示。

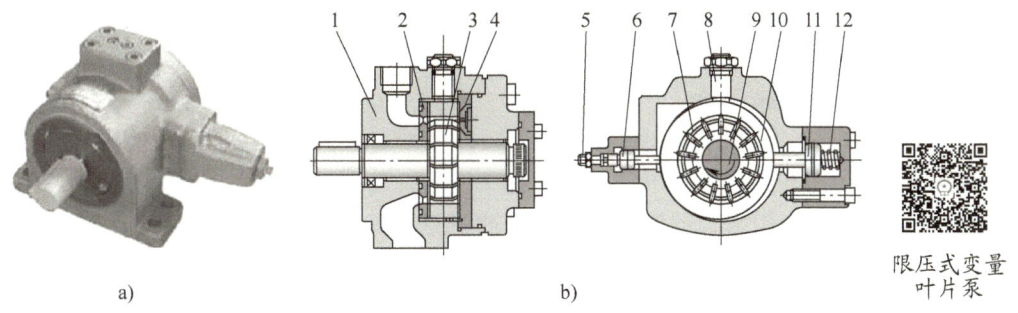

图 3-7 限压式变量叶片泵

a) 外形图 b) 剖视图

1—泵体 2、4—配油盘 3—转子 5—限位螺钉 6—顶出缸活塞 7—叶片 8—滑块螺钉
9—传动轴 10—定子 11—限压顶杆 12—限压弹簧

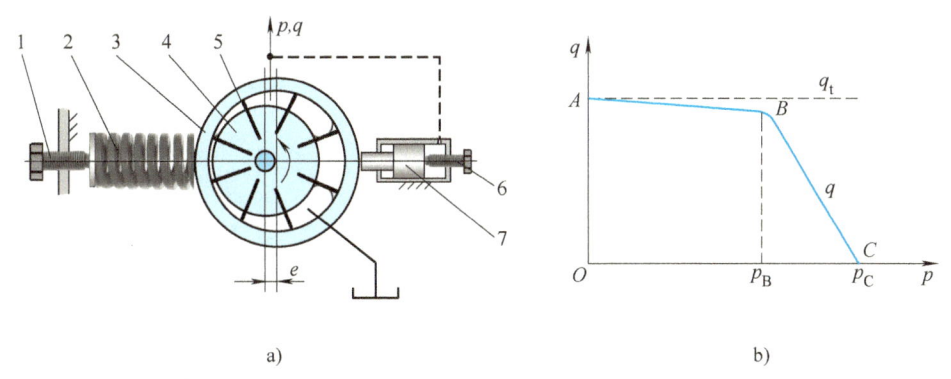

图 3-8 外反馈限压式变量叶片泵压力流量特性

a) 工作原理简图 b) 压力流量特性曲线

1、6—螺钉 2—弹簧 3—定子 4—转子 5—叶片 7—外反馈液压缸活塞

在图 3-8 中,转子 4 的中心是固定不动的,并做逆时针方向匀速转动。定子 3 可以水平移动,其移动的位置(与转子的偏心量 e)由作用在水平方向两端的液压力与弹簧力之间的平衡关系决定,即

1)当泵的工作压力 $p \leqslant p_B$(泵的限定压力,由弹簧力决定)时,在弹簧力的作用下,将定子紧紧顶在外反馈液压缸和螺钉 6 上。这时定子与转子中心之间的偏心量 e 达到最大值,流量也为最大流量(图 3-8b 中的 AB 段)。

2)当泵的工作压力 $p > p_B$ 时,在液压力的作用下,弹簧被压缩,将定子向左移动。定子离开了螺钉 6,这时定子与转子中心之间的偏心量 e 减小,流量也随之下降(图 3-8b 中的

BC 段）。

3）当泵的工作压力 $p=p_C$（泵的最高工作压力）时，定子与转子中心之间的偏心量 e 为零，泵输出的流量也为零（图 3-8b 中的 C 点）。

需要说明的是：

1）由于液压泵存在泄漏（泄漏量随压力升高而增加），所以泵实际的流量 q 要比泵的理论流量 q_t 小。

2）调整螺钉 1，改变弹簧力的大小，就可改变泵的限定压力 p_B 和最高工作压力 p_C 的值。

3）调整螺钉 6，改变转子与定子之间的偏心量 e，可改变泵的最大流量。

4. SCY 型轴向柱塞泵

轴向柱塞泵属于高压泵，它的柱塞平行于缸体轴线呈周向分布，其结构和工作原理如图 3-9 和图 3-10 所示，泵主要由柱塞 5、缸体 7、配油盘 10 和斜盘 1 等零件组成。斜盘 1 和配油盘 10 固定不动，斜盘 1 的法线和缸体 7 轴线间的交角为 γ。缸体 7 由轴 9 带动旋转，缸体 7 上均匀分布了若干个轴向柱塞孔，孔内装有柱塞 5。套筒 4 在弹簧 6 作用下，通过压板 3 而使柱塞头部的滑履 2 和斜盘 1 靠牢，同时套筒 8 使缸体 7 和配油盘 10 紧密接触，起密封作用。

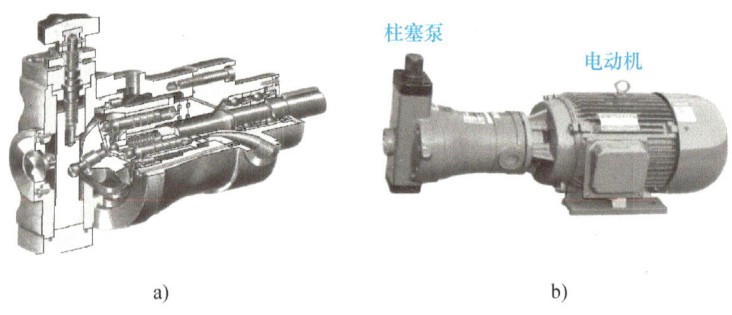

图 3-9 轴向柱塞泵
a）剖视立体图 b）柱塞泵与电动机组合

当缸体 7 按图 3-10 所示方向转动时，由于斜盘 1 和压板 3 的作用，迫使柱塞 5 在缸体 7 内做往复运动，使各柱塞与缸体间的密封容积增大或缩小，通过配油盘 10 的吸油窗口和压

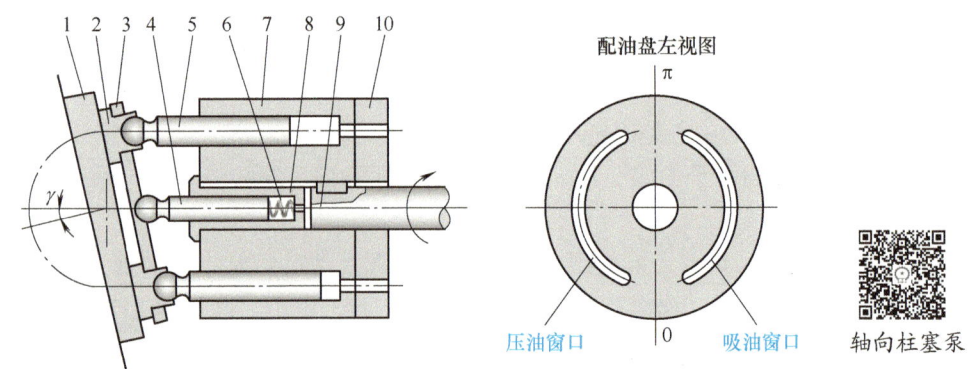

图 3-10 轴向柱塞泵的工作原理图
1—斜盘 2—滑履 3—压板 4、8—套筒 5—柱塞 6—弹簧 7—缸体 9—轴 10—配油盘

油窗口进行吸油和压油。当缸体 7 自最低位置向前上方转动时，柱塞 5 在转角 0~π 范围内逐渐向左伸出，柱塞 5 右端部的缸孔内密封容积增大，经配油盘吸油窗口吸油；柱塞在转角 π~2π 范围内，柱塞 5 被斜盘 1 逐步压入缸体 7，柱塞 5 端部密封容积减小，油液经配油盘 10 的压油窗口而压油。

改变斜盘倾角 γ 的大小，就能改变柱塞的行程长度，也就改变了泵的排量；改变斜盘的倾角方向，就能改变泵的吸、压油方向，液压泵也就成为双向变量泵了。

图 3-10 所示的柱塞泵为手动调节流量的变量柱塞泵。利用图 3-10 所示的柱塞泵左端变量机构，通过手动方式改变斜盘的倾角，就可以调节柱塞泵的流量。流量调好后，应将螺母拧紧。

轴向柱塞泵的变量方式有手动、伺服、压力补偿等。

3.1.5 液压泵的选用

一般负载小、功率小的液压设备，可用齿轮泵；精度较高的机械设备（如磨床），可用双作用叶片泵；负载变化较大并有快速和慢速工作行程的机械设备（如组合机床），可用限压式变量叶片泵；负载大、功率大的设备（如拉床、工程机械、汽车吊等），可用柱塞泵。表 3-2 列出了常用液压泵的性能比较与应用范围。

表 3-2 常用液压泵的性能比较与应用范围

比较项目	齿轮泵	双作用叶片泵	限压式变量叶片泵	轴向柱塞泵
工作压力/MPa	<20	6.3~21	≤7	20~35
转速范围/(r/min)	300~7000	500~4000	500~2000	600~6000
容积效率	0.70~0.95	0.80~0.95	0.80~0.90	0.90~0.98
总效率	0.60~0.85	0.75~0.85	0.70~0.85	0.85~0.95
功率重量比	中等	中等	小	大
流量脉动率	大	小	中等	中等
自吸特性	好	较差	较差	较差
对油的污染敏感性	不敏感	敏感	敏感	敏感
噪声	大	小	较大	大
寿命	较短	较长	较短	长
单位功率造价	最低	中等	较高	较高
应用范围	机床、工程机械、农业机械、航空、船舶，一般机械	机床、注塑机、液压机、起重运输机械、工程机械、飞机	机床、注塑机	工程机械、液压机、起重运输机械、矿山机械、冶金机械、船舶机械、飞机

3.2 液压执行元件

液压执行元件是将液体的压力能转换为机械能，以驱动外部运动部件实现往复运动、摆动或回转运动的液压元件，分为液压缸和液压马达两大类。图 3-11 所示为液压执行元件的应用。

图 3-11 液压执行元件的应用

3.2.1 液压缸

液压缸的结构与样式要按产品的要求确定。因此，对于较小批量的简单应用，可以到液压元件专业厂家购买或协作生产；对于大批大量且需要各类异型、专用液压缸的企业来说，一般都下设液压件公司，专门生产本集团所需的液压缸。如徐工集团工程机械股份有限公司下设的徐州徐工液压件有限公司，主要为本集团下属各企业生产的高空作业车、平地机、履带起重机、混凝土车、叉车、全地面起重机、汽车吊、随车吊、挖掘机、装载机、架桥机、运梁机、掘进机、水平定向钻、盾构机、水利机械、自卸车和矿山卡车等产品，配套生产专用液压缸。

液压缸按结构特点不同可分为活塞缸、柱塞缸和摆动缸，如图 3-12 所示。活塞缸和柱塞缸用以实现直线运动，输出推力与速度；摆动缸用以实现小于 360° 的往复摆动，输出转矩与角速度。

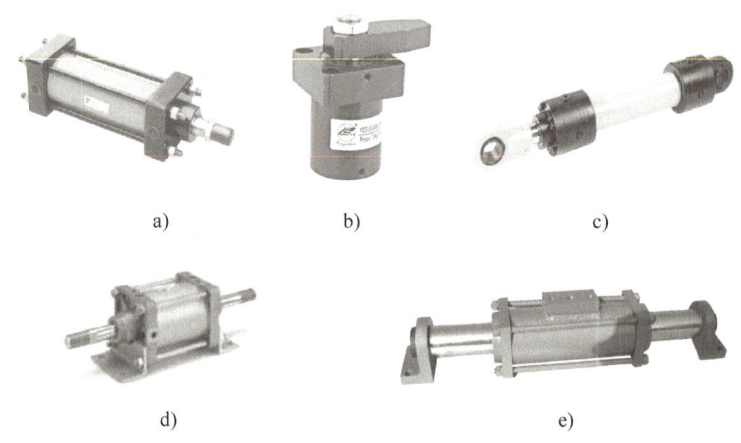

图 3-12 各类液压缸

a) 单杆活塞缸 b) 摆动缸 c) 柱塞缸 d) 双杆活塞缸（缸体固定）
e) 双杆活塞缸（活塞杆固定）

液压缸按其作用方式的不同可分为单作用式和双作用式两种。单作用式液压缸中液压力只能使活塞（或柱塞）单方向运动，反方向的运动必须依靠其他外力（如弹簧力、重力等）实现；双作用式液压缸可由液压力实现两个方向的运动。

1. 活塞缸

活塞缸可分为双杆活塞缸和单杆活塞缸两种结构，其固定方式有缸体固定和活塞杆固定两种。

（1）双杆活塞缸　图3-13为双杆活塞缸结构示意图。活塞4的两侧都有伸出的活塞杆1，故而称其为双杆活塞缸。其两侧端盖2与缸筒5的装配，采用拉杆连接组件7进行连接。缸筒5采用无缝钢管制造，与活塞4保持高精度配合，既要保证活塞在缸筒中运动顺畅，又要防止油液从缸的一腔泄漏到另一腔中，影响缸的容积效率。端盖2与活塞杆1之间装有密封圈6，以保证缸内油液不外漏。端盖2上设有缓冲孔，当活塞4运动到端盖2附近时，缓冲柱塞3插入到端盖2的缓冲孔中，缸内的油液只好通过端盖2上细小油孔的节流口（可调）回油，增加了回油阻力，使运动部件减速，防止活塞4运行到端部时，与端盖2发生刚性碰撞。可见，当液压缸的驱动工作部件质量较大，运动速度较高，或换向平稳性要求较高时，设置缓冲装置是十分必要的。缸的进出油口为A、B。当A为进油口，B为出油口时，活塞连同活塞杆一起向右运动；反之，当B为进油口、A为出油口时，活塞连同活塞杆一起向左运动。

当两活塞杆直径相同、缸两腔的供油压力和流量都相等时，活塞（或缸体）两个方向的运动速度和推力也都相等。因此，这种液压缸常用于要求往复运动速度和负载相同的场合，如各种磨床。

当缸体固定时，其运动范围略大于缸有效长度的3倍，占地面积大；当活塞杆固定时，其运动范围略大于缸有效长度的2倍，占地面积小。

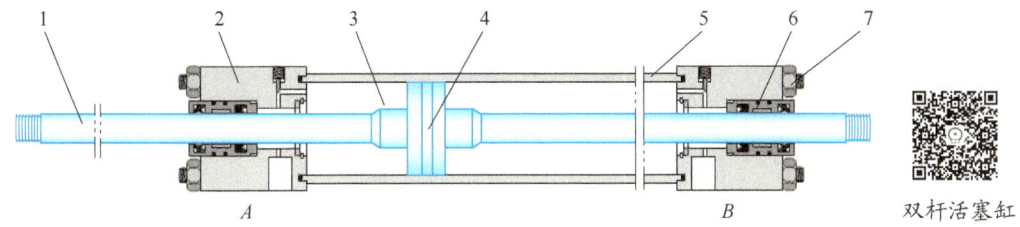

图3-13　双杆活塞缸结构示意图

1—活塞杆　2—端盖　3—缓冲柱塞　4—活塞　5—缸筒　6—密封圈　7—拉杆连接组件　A、B—进/出油口

（2）单杆活塞缸　图3-14为单杆活塞缸的结构示意图，并表明了单杆活塞缸的三种运动状态。根据给定的单杆缸活塞杆上所受的推力F和活塞运动速度v，就可求得液压泵的工作压力p和流量q。

1）当单杆缸无杆腔进油、有杆腔回油时，工作压力p_1和流量q_1分别为

$$p_1 = 4F_1/(\pi D^2) \qquad q_1 = v_1 \pi D^2/4$$

2）当单杆缸有杆腔进油、无杆腔回油时，工作压力p_2和流量q_2分别为

$$p_2 = 4F_2/[\pi(D^2-d^2)] \qquad q_2 = v_2 \pi(D^2-d^2)/4$$

3）差动连接时，工作压力p_3和流量q_3分别为

$$p_3 = 4F_3/(\pi d^2) \qquad q_3 = v_3 \pi d^2/4$$

比较单杆缸的三种运动情况可知:

1) 无杆腔进油、有杆腔回油时,推力大,速度慢(适合机床工作进给情况)。

2) 有杆腔进油、无杆腔回油时,推力小,速度快(适合机床快速退回情况)。

3) 差动连接时,因缸的两腔工作压力相等,因此其有效作用面积只取决于活塞杆直径 d,因而推力减小,速度变快(适合机床快速前进的空行程情况)。

在组合机床液压系统中,要实现"快进→工进→快退"工作循环,且要求快进的速度与快退的速度相等,则应满足

$$d = 0.707D$$

单杆活塞缸不论是缸体固定还是活塞杆固定,其运动范围均约为缸有效长度的 2 倍。

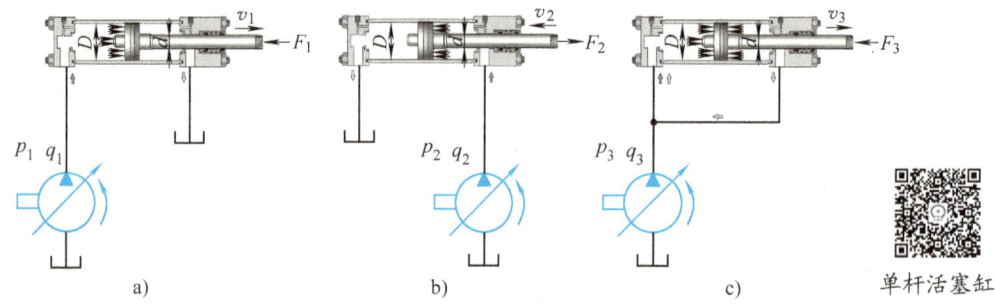

图 3-14 单杆活塞缸结构及计算图

a) 无杆腔进油、有杆腔回油情况 b) 有杆腔进油、无杆腔回油情况 c) 差动连接情况

(3) 伸缩缸 伸缩缸由两级或多级活塞缸套装而成,如图 3-15 所示,前一级活塞缸的活塞与后一级活塞缸的缸筒连为一体。活塞伸出的顺序是先大后小,相应的推力也是由大到小,而伸出时的速度是由慢到快。活塞缩回的顺序一般是先小后大,而缩回的速度是由快到慢。

伸缩缸活塞杆伸出时行程大,而缩回时尺寸小,因而适用于起重运输车辆等需占空间小的机械上,如起重机伸缩臂、自卸卡车举升缸等。

图 3-15 伸缩缸及应用

2. 柱塞缸

柱塞缸如图 3-16 所示,由缸筒 1、柱塞 2、导向套 3、密封圈 4 和压盖 5 等零件组成。柱塞 2 由导向套 3 导向,与缸体内壁不接触,因而缸体内孔不需要精加工,工艺性好,成本低。

为了能输出较大的推力,柱塞一般较粗、较重,水平安装时易产生单边磨损,故柱塞缸适宜于垂直安装使用。当其水平安装时,为防止柱塞因自重而下落,常制成空心柱塞并设置支承套和托架。

柱塞缸只能实现单向运动,它的回程需借助自重或其他外力来实现。在大型龙门刨床、导轨磨床等大行程设备的液压系统中,为了使工作台得到双向运动,柱塞缸常成对使用。

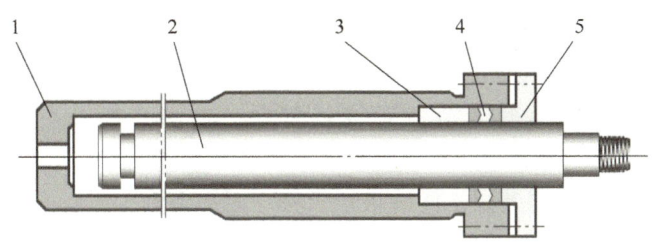

图 3-16 柱塞缸及应用

1—缸筒 2—柱塞 3—导向套 4—密封圈 5—压盖

3. 摆动缸

摆动缸用于将油液的压力能转变为叶片及输出轴往复摆动的机械能。它有单叶片和双叶片两种型式。图 3-17 所示为单叶片摆动缸，由缸体 1、叶片 2、摆动输出轴 3 和定子块 4 等

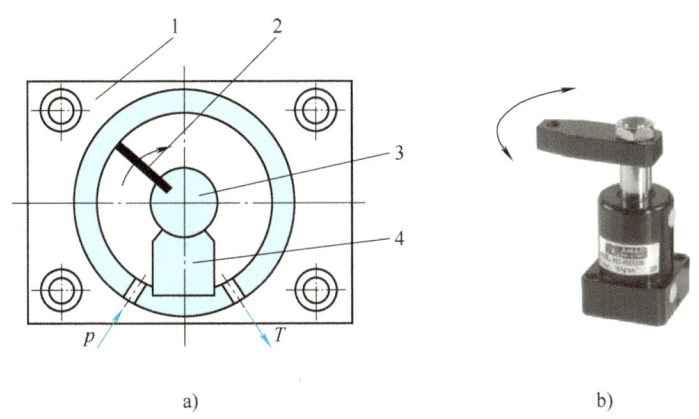

a)　　　　　　　　　　b)

图 3-17 单叶片摆动缸

a) 内部结构图 b) 外形图

1—缸体 2—叶片 3—摆动输出轴 4—定子块

零件组成。定子块 4 固定在缸体 1 上，叶片 2 与摆动输出轴 3 连为一体。当左下端油口通入压力油时，右下端油口排油，叶片带动摆动输出轴顺时针方向转动。当两油口交替通入压力油时，叶片 2 和摆动输出轴 3 做往复摆动。单叶片摆动缸的摆动角一般不超过 280°。

摆动缸常用于机床的送料装置、间歇进给机构、回转夹具、工业机器人手臂和手腕的回转装置，以及工程机械回转机构等液压系统中。

4. 液压缸图形符号（图 3-18）

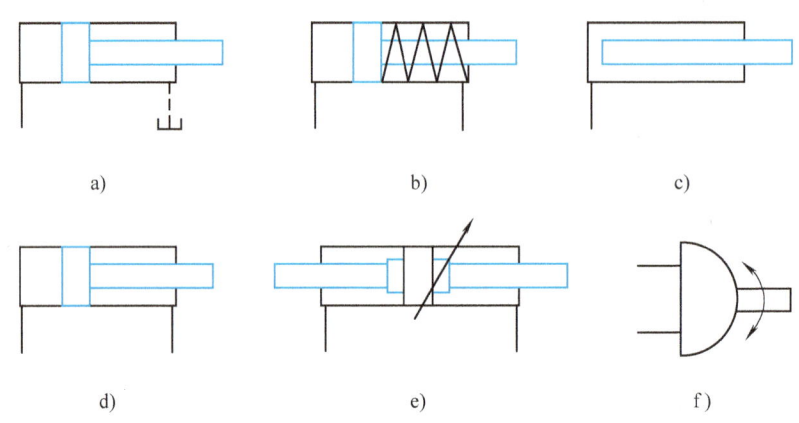

图 3-18 常用液压缸图形符号

a）单作用无弹簧型单杆活塞缸 b）单作用弹簧返回型单杆活塞缸 c）柱塞缸
d）双作用单杆活塞缸 e）双作用双杆活塞缸 f）摆动缸

3.2.2 液压马达

液压马达按结构可分为齿轮式、叶片式和柱塞式三大类。图 3-19 所示为液压马达的图形符号。

从原理上讲，液压泵可以用作液压马达。事实上，同类型的液压泵和液压马达虽然在结构上相似，但因两者的工作情况不同，使得其在结构上也存在某些差异。

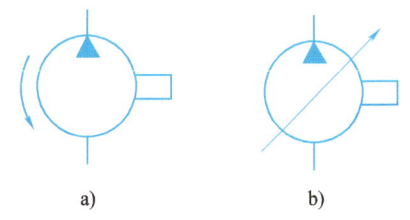

图 3-19 液压马达图形符号

a）单向定量液压马达 b）单向变量液压马达

1）液压泵的进油口比出油口大，液压马达的进、出油口则相同。

2）在结构上，液压马达要能实现正、反转，结构应具有对称性；液压泵则为单方向转动，不要求对称，但要有自吸能力。

3.3 液压控制元件

液压控制元件是液压系统中控制液压油液流动方向、压力及流量的元件总称，又称为阀，分为方向控制阀、压力控制阀和流量控制阀三大类。各种阀类元件均由专业厂家制造，规格型号齐全，完全可满足液压系统组成的需要。使用者应熟悉各种阀的作用和基本原理，以便于正确选用阀。

液压系统对液压控制元件的基本要求是：

1) 结构简单、紧凑、动作灵敏，控制可靠，调整方便。
2) 密封性能好，通油时压力损失小。
3) 通用性好，便于安装与维护。

3.3.1 方向控制阀

根据类型的不同，可将方向控制阀分为单向阀和换向阀两大类，它在液压系统中的使用数量最多。下面仅对典型的方向控制阀进行介绍。

1. 单向阀

（1）Ⅰ型单向阀　Ⅰ型单向阀用来控制通过该阀的油液只能按一个方向流动而反向截止。图 3-20a 所示的管式单向阀由阀体、阀芯、弹簧等零件组成；图 3-20b 所示的板式单向阀由阀体、阀芯、弹簧、丝堵等零件组成。

对单向阀的主要性能要求如下。

1) 油液通过时压力损失要小。单向阀的弹簧刚度系数较小，仅用于将阀芯顶在阀座上，故阀的开启压力为 0.035~0.1MPa。
2) 反向截止时密封性要好。

单向阀在液压系统中应用较多。若采用较硬的弹簧，单向阀可以作为背压阀使用。

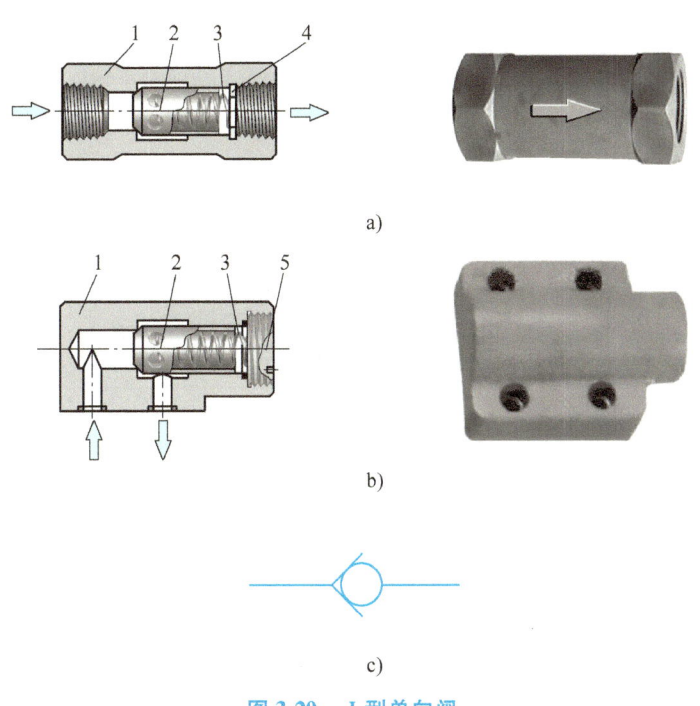

图 3-20　Ⅰ型单向阀

a) 管式单向阀　b) 板式单向阀　c) 图形符号

1—阀体　2—阀芯　3—弹簧　4—内卡环　5—丝堵

（2）IY型液控单向阀　图3-21所示为IY型液控单向阀。它与I型单向阀相比，多了一个控制油口K。当控制油口K通入压力油时，推动控制活塞2右移，使阀芯4的主阀口打开。此时，允许油液反向流动。为了减小控制活塞移动的阻力，控制活塞制成台阶状并设一外泄油口L。

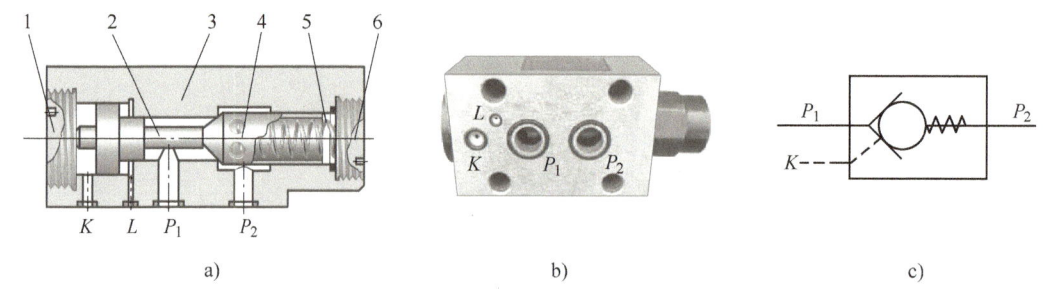

图3-21　IY型液控单向阀（板式）
a）内部结构简图　b）阀底面板　c）图形符号
1、6—丝堵　2—控制活塞　3—阀体　4—阀芯　5—弹簧

图3-22a所示为液压锁。它由两个液控单向阀组合而成，具有良好的单向密封性，常用于执行元件需要长时间保压、锁定的情况，也用来防止立式液压缸停止运动时因自重而下落造成事故。

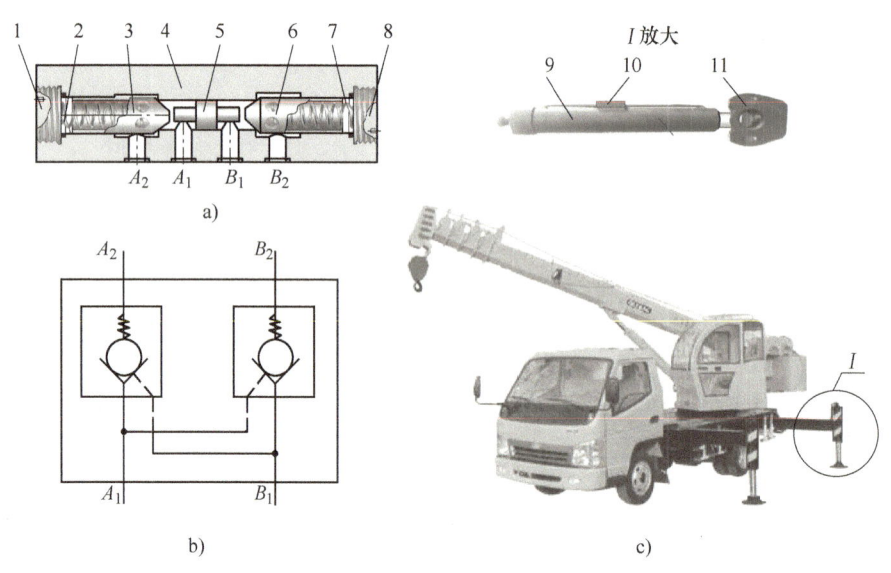

图3-22　液压锁及其应用
a）内部结构　b）图形符号　c）在吊车支腿上的应用
1、8—丝堵　2、7—弹簧　3、6—单向阀芯　4—阀体　5—控制活塞　9—支腿液压缸　10—液压锁　11—支脚

如图3-22a所示，液压锁的组成为：两个液控单向阀芯3和6，两个弹簧2和7，加上控制活塞5，共用一个阀体4。其工作原理如下。

1）当从A_1油口通入压力油时，在导通A_1与A_2油路的同时推动控制活塞5右移，顶开右侧的单向阀芯6，解除B_2到B_1的反向截止作用。

2)当从 B_1 油口通入压力油时,在导通 B_1 与 B_2 油路的同时推动控制活塞 5 左移,顶开左侧的单向阀芯 3,解除 A_2 到 A_1 的反向截止作用。

3)而当 A_1 与 B_1 油口没有压力油作用时,两个液控单向阀芯都为关闭状态,锁紧油路。

图 3-22b 所示为液压锁的图形符号,图 3-22c 所示为液压锁在汽车吊支腿油路中的应用。

2. 换向阀的分类及图形符号

换向阀的作用是利用阀芯位置的改变来改变阀体上各油口的连通或断开状态,从而控制油路连通、断开或改变油流方向。

按换向阀的操纵方式不同,换向阀可分为手动、电磁动、机动、液动、电液动换向阀。其操纵方式图形符号如图 3-23 所示。

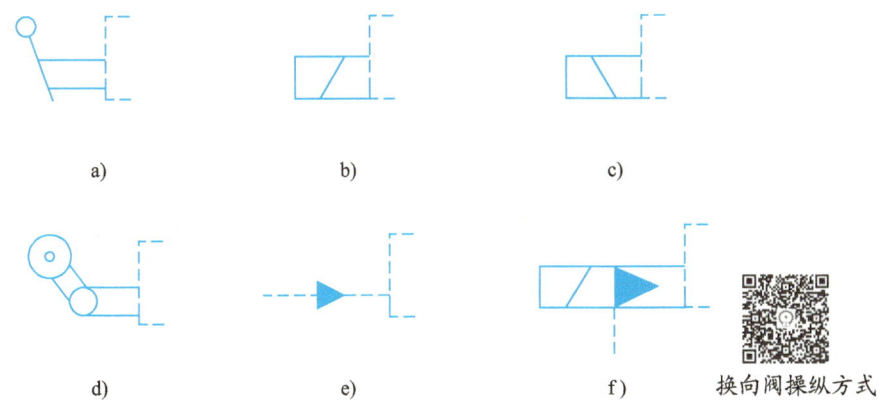

图 3-23 换向阀操纵方式图形符号

a)手动 b)电磁动(动作指向阀芯) c)电磁动(动作背向阀芯) d)机动 e)液动 f)电液动

按阀芯位置数不同,换向阀可分为二位、三位、多位换向阀;按阀体上主油路进、出油口数目不同,又可分为二通、三通、四通和五通等。换向阀的结构原理及位通图形符号见表 3-3。

换向阀位通图形符号

表 3-3 换向阀的结构原理及位通图形符号

位通情况	结构原理图	图形符号
二位二通		
二位三通		

（续）

位通情况	结构原理图	图形符号
二位四通	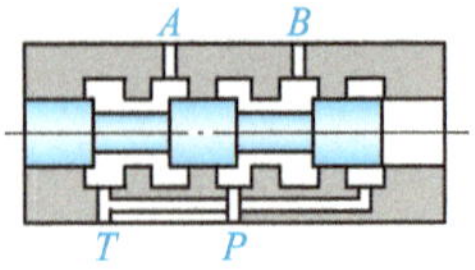	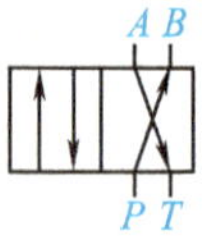
三位四通	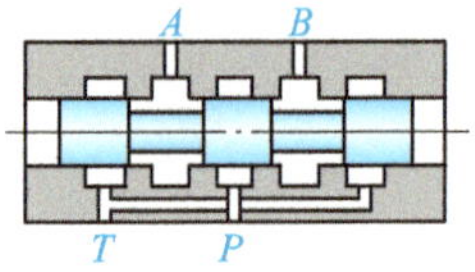	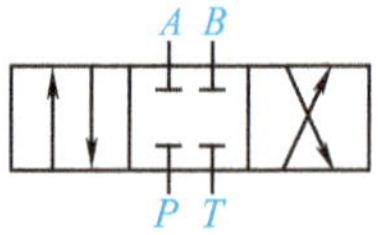
三位五通	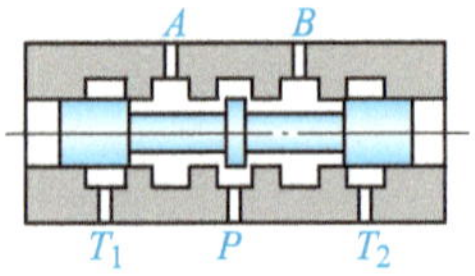	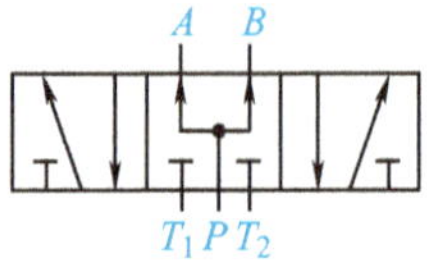

表 3-3 中图形符号所表达的意义如下。

1）方格数即"位"数，三格即三位。

2）箭头仅表示两油口"连通"，但不表示管路中油流的真实流向。"⊥"表示油口被截止。在一个方格内，箭头或"⊥"符号与方格的交点数为油口的通路数，即"通"数。

3）控制方式和复位弹簧应画在方格的两端。

4）P 表示压力油的进口，T 表示与油箱连通的回油口，A 和 B 表示连接其他工作油路的油口。

5）三位阀的中间方格或二位阀的侧面画有弹簧的那一方格为常态位。在液压系统原理图中，换向阀与油路的连接一般应画在常态位上。三位四通换向阀的中位机能见表 3-4。

表 3-4 三位四通换向阀的中位机能

机能型式	结构简图	中间位置的符号
O 型	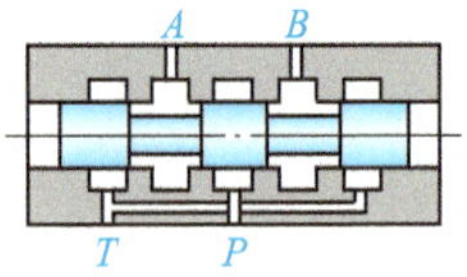	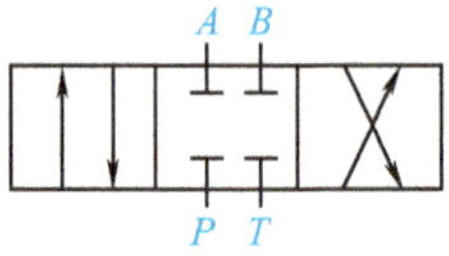
H 型	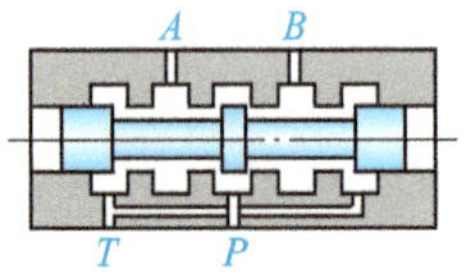	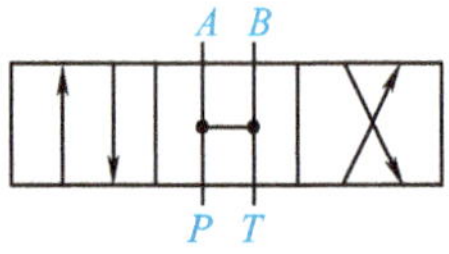

(续)

机能型式	结构简图	中间位置的符号
Y 型		
P 型		
M 型		

3. 几种常见的换向阀

（1）机动换向阀 机动换向阀又称行程阀。它利用安装在运动部件上的挡块或凸轮，压阀芯端部的滚轮使阀芯移动，从而使油路换向。这种阀通常为二位二通阀，并且用弹簧复位。图 3-24 所示为二位二通机动换向阀。在图示位置，阀芯在弹簧作用下处于左位，油口 P 与 A 不连通；当运动部件上的挡块压下滚轮使阀芯移至右位时，油口 P 和 A 连通。

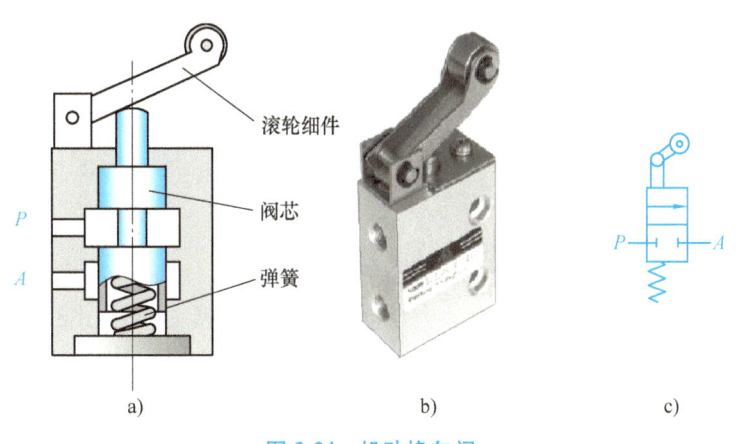

图 3-24 机动换向阀
a）结构简图　b）实物图　c）图形符号

（2）电磁换向阀 电磁换向阀是利用电磁铁的吸力控制阀芯换位的换向阀。它操作方便、布局灵活，有利于提高设备的自动化程度，因而应用最为广泛。

电磁换向阀包括滑阀和电磁铁两部分。

1）滑阀的位、通关系与表 3-3 中所介绍的结构原理图、图形符号是一致的，而且涵盖了所有二位、三位，以及二通、三通、四通和五通阀的功能，因此这部分内容不再介绍。

2）电磁铁因其所用电源的不同而分为交流电磁铁和直流电磁铁。交流电磁铁常用电压为220V和380V，电磁吸力大，换向时间短（0.01~0.03s），价格便宜，但换向冲击大、噪声大、发热快、换向频率不能太高（30次/mim），使用寿命较短。若其阀芯被卡住或电压低，电磁吸力小而使衔铁未动作，很容易烧坏线圈，故常用于换向平稳性要求不高、换向频率较低的液压系统。直流电磁铁的工作电压一般为24V，其换向平稳，工作可靠，噪声小，发热少，使用寿命长，允许使用的换向频率可达120次/min。其缺点是起动力小，换向时间较长，而且需要专门的直流电源，成本较高。

此外，按电磁铁工作腔是否有油液，又可将电磁铁分为干式和湿式。干式电磁铁不允许油液流入电磁铁内部，因此必须在滑阀与电磁铁之间设置密封装置；湿式电磁铁的衔铁和推杆均浸在油液中，运动阻力小，而且油液还能起到冷却、润滑和吸振的作用，提高了换向的可靠性，延长了使用寿命。

图3-25所示为几种常用电磁换向阀及其图形符号，供选用时参考。

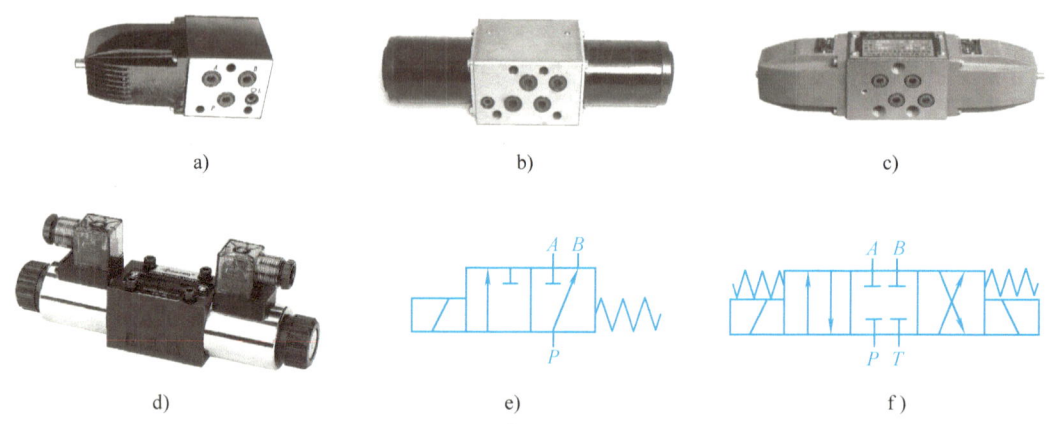

图3-25　几种常用电磁换向阀及其图形符号

a）二位三通交流电磁换向阀　b）三位四通直流电磁换向阀　c）三位四通交流电磁换向阀
d）湿式三位四通直流电磁换向阀　e）二位阀图形符号　f）三位阀图形符号

（3）其他换向阀　其他换向阀如图3-26所示。其中图3-26a所示为液动换向阀，图3-26b所示为电液动换向阀，图3-26c所示为自动复位式手动换向阀，图3-26d所示为定位式手动换向阀，图3-26e所示为多路换向阀及其在汽车吊上的应用。

3.3.2　压力控制阀

压力控制阀有两大类：一类是用来控制液压系统油液压力的阀，如溢流阀和减压阀；另一类是利用液压力的变化来控制阀口油路通断或信号变换的阀，如顺序阀和压力继电器。下面分别进行介绍。

1. P型溢流阀

P型溢流阀是低压阀，其结构如图3-27所示。它是利用液压力直接作用在阀芯3上与弹簧力相平衡，以控制阀芯启闭动作的直动型溢流阀。其进油口液压力 p 经阀芯3上的阻尼小孔通入阀芯3的底部，产生一个使阀芯3向上的作用力，并与弹簧2作用在阀芯3上的弹簧力相比较，决定阀芯3阀口的启闭。

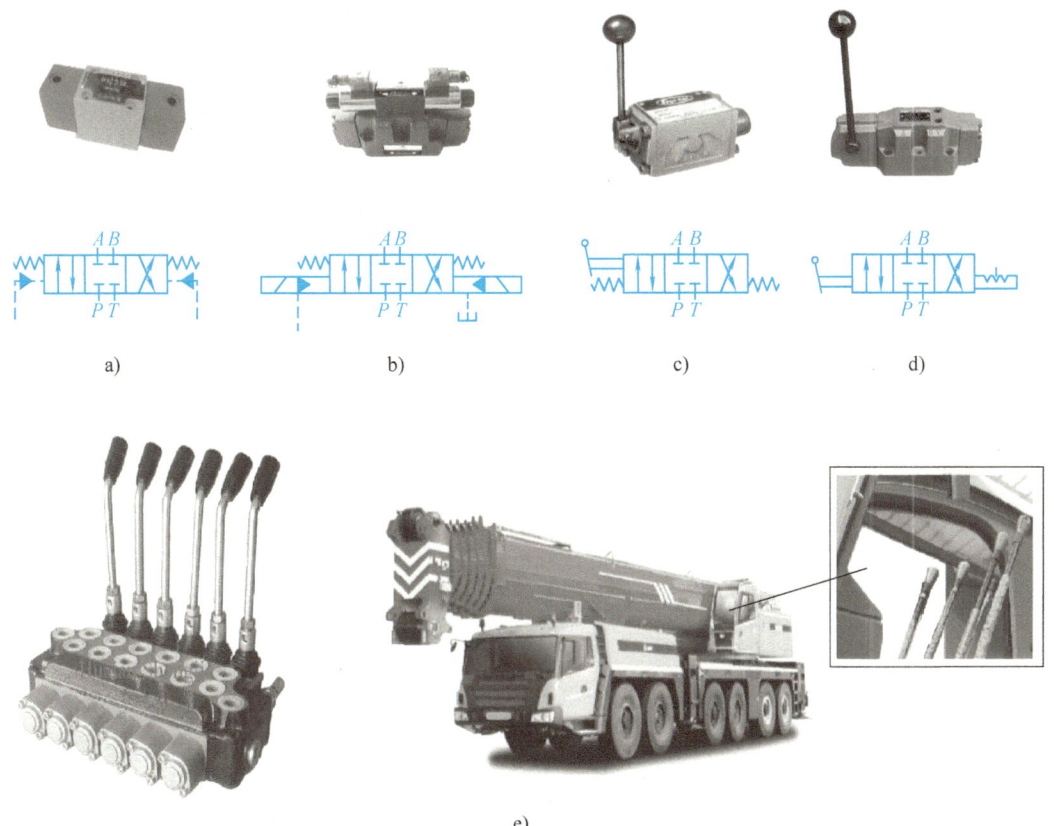

图 3-26 其他换向阀
a）液动换向阀　b）电液动换向阀　c）自动复位式手动换向阀　d）定位式手动换向阀
e）多路换向阀及其在汽车吊上的应用

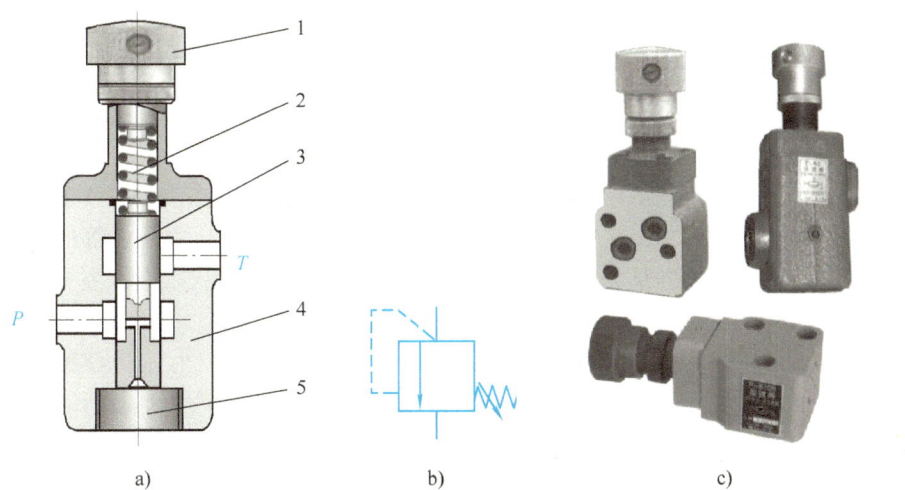

图 3-27 P 型溢流阀
a）结构原理图　b）图形符号　c）外形图
1—调整螺母　2—弹簧　3—阀芯　4—阀体　5—丝堵

当液压力足以克服弹簧力，推动阀芯 3 上移、打开阀口时，溢流阀开始溢流。同时，进油口液压力 p 也不再升高，而稳定在阀的调定压力上，这就是溢流阀的溢流稳压原理（此时阀的进油口液压力 p 由溢流阀的调定压力 p_n 决定，即 $p=p_n$，是稳定值）。

当液压力 p 较小时，不足以克服弹簧力，阀口一直保持关闭状态，阀对进油口液压力 p 也不再进行控制（此时溢流阀的进油口液压力 p 由负载 F 决定）。

旋转调整螺母 1，就可以改变弹簧 2 的预压缩量，从而改变阀的调定压力 p_n 值。由于 P 型溢流阀上弹簧 2 的弹簧刚度较大，调节困难，因此 P 型溢流阀一般只用于低压、小流量系统，或作为先导阀使用。

2. Y 型溢流阀

Y 型溢流阀是由先导阀和主阀两部分组成的先导型溢流阀，其结构如图 3-28 所示，先导阀是一个小规格锥阀芯的直动型溢流阀，主阀芯 3 上开有阻尼小孔，可使从阀的进油口通入的压力油经阻尼小孔进入主阀芯 3 的左端，产生一个可推动主阀芯 3 向右移动的液压力；进油口通入的压力油还可经主阀芯 3 上的阻尼小孔向右进入主阀芯 3 的右腔，产生一个可推动主阀芯 3 向左移动的液压力；主阀芯 3 右腔的液压油又通过先导阀座 8 上的阻尼小孔，作用在先导阀芯 7 上，产生一个向上推动先导阀芯 7 的液压力。

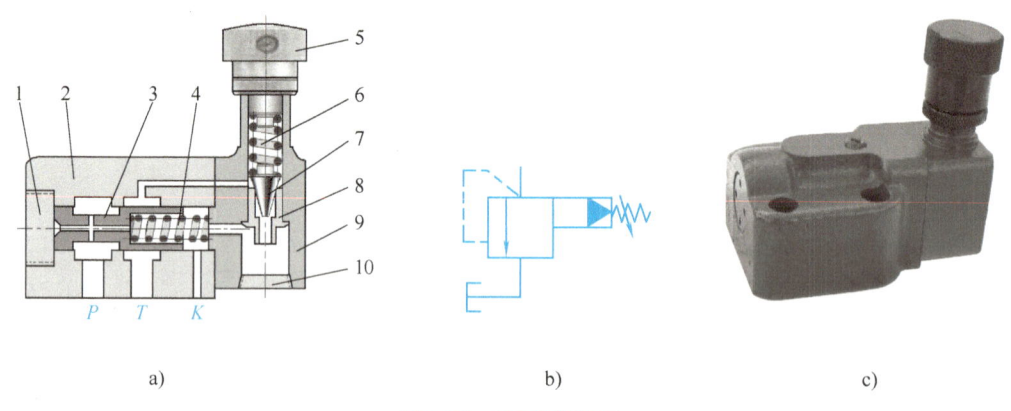

图 3-28　Y 型溢流阀

a）结构原理图　b）图形符号　c）外形图

1、10—丝堵　2—主阀体　3—主阀芯　4、6—弹簧　5—调整螺母　7—先导阀芯　8—先导阀座　9—先导阀体

当进油口液压力 p 小于先导阀的调定压力 p_n 时，先导阀关闭，作用在主阀芯 3 上的液压油为静止液体。根据静止液体压力处处相等原理，则主阀芯 3 两端的液压力是相等的。但因主阀芯 3 的右端还有一个弹簧力，从而使主阀芯 3 处于关闭状态（此种状态下，溢流阀对进油口液压力 p 失去控制）。

当进油口液压力 p 上升，直到 p 等于先导阀的调定压力 p_n，即 $p=p_n$ 时，先导阀芯 7 在液压力的作用下打开，实现先导阀溢流（较小溢流量）。油液经先导阀芯 7 左端的回油小孔溢流到出油口 T 的油腔内。再看主阀芯 3 的动作：由于先导阀芯 7 阀口被打开，油液溢流使主阀芯 3 右端油腔中的油液为流动液体（有压力损失，产生压降），其压力要比进油口液压力 p 小，这样，主阀芯 3 在进油口液压力 p 的作用下，克服作用在主阀芯 3 右端的液压力和弹簧力，推动主阀芯 3 右移，打开主阀阀口，实现主阀溢流（较大溢流量）。当 Y 型溢流阀溢流时，阀的进油口液压力 p 基本稳定在阀的调定压力 p_n 值上。

旋转调整螺母 5，改变先导阀弹簧 6 的预压缩量，可改变阀的调定压力 p_n。通过油口 K 可以实现远程控制。由于 Y 型溢流阀的先导阀弹簧 6 的弹簧刚度较小，锥阀上的液压力作用面积也小，便于调节，因此 Y 型溢流阀常用于中压液压系统中。有关高压溢流阀的知识，请读者自行阅读有关资料，本书不再过多介绍。

3. J 型减压阀

J 型减压阀是利用油液流过阀口产生压降的原理，使系统某一支油路获得比主油路压力低而且稳定的压力油的一种先导型减压阀，由先导阀和主阀两部分组成，如图 3-29 所示。油压为 p_1 的压力油，由主阀的进油口流入，经减压阀阀口后由出油口流出，其压力为 p_2。出油口的油液，一部分（少量）经主阀芯 3 中间的阻尼小孔流入主阀芯 3 的左端，同时也流入到主阀芯 3 的右端。流入主阀芯 3 右端的油液，经先导阀座 8，作用在先导阀芯 7 上。

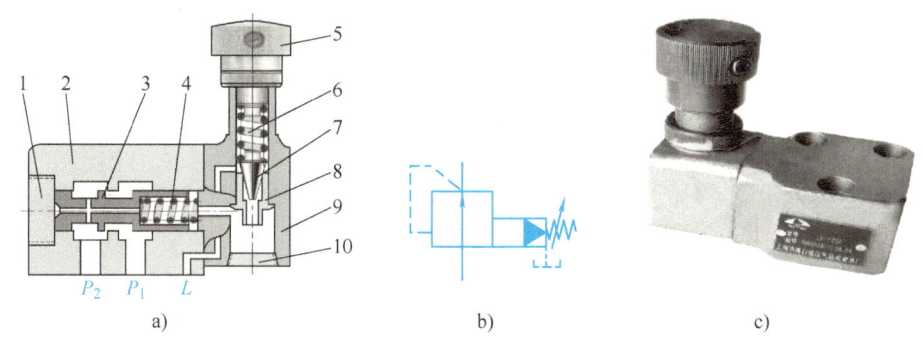

图 3-29　J 型减压阀
a）结构原理图　b）图形符号　c）外形图

1、10—丝堵　2—阀体　3—主阀芯　4、6—弹簧　5—调整螺母　7—先导阀芯　8—先导阀座　9—先导阀体

减压阀的作用就是保证出油口压力 p_2 的基本稳定。借助于减压阀的出油口压力与弹簧力相平衡的原理，可保持出油口压力基本稳定。

当阀的出油口压力 p_2 低于先导阀调定压力时，先导阀处于关闭状态，使主阀芯 3 左、右两端的液压力相等。由于在主阀芯 3 的右端有一个弹簧 4，就使得主阀芯 3 在弹簧力的作用下左移，打开 $P_1 \rightarrow P_2$ 阀口，使阀口处的压力损失减小，假定 p_1 始终保持不变，则 p_2 增加。当 p_2 增加到先导阀的调定压力时，先导阀芯 7 打开溢油，使主阀右端的压力下降，主阀在新的阀口位置平衡。

当阀的出油口压力 p_2 高于先导阀的调定压力时，弹簧力推动主阀芯 3 右移，关小 $P_1 \rightarrow P_2$ 阀口，使阀口处的压力损失增大，假定 p_1 仍不变，则 p_2 减小，主阀在新的阀口位置平衡。

减压阀的 $P_1 \rightarrow P_2$ 阀口为常开型，其泄油口 L 必须由单独设置的油管通往油箱，且泄油管不能插入油箱液面以下，以免造成背压，使泄油不畅，影响阀的正常工作。

4. X 型顺序阀

X 型顺序阀利用油路中压力的变化控制阀口的启闭，以实现执行元件的顺序动作。从结构上看，顺序阀与同类型的溢流阀相比，仅多了一条泄油管路，因此顺序阀可以代替溢流阀使用，但切不可用溢流阀代替顺序阀使用；从原理分析上看，两者分析方法相同，因此顺序阀的工作原理可参照对溢流阀的分析进行。所不同的是，顺序阀的进油口压力可以大于阀的调定压力；在功能上，两者有本质的不同，溢流阀是控制液压系统的压力，顺序阀则是利用压力的变化控制阀口的启闭，实现执行元件的顺序动作。X 型顺序阀的结构原理、图形符号和外形图如图 3-30 所示。

顺序阀常与单向阀组合成单向顺序阀。图 3-30c 为单向顺序阀的外形图。

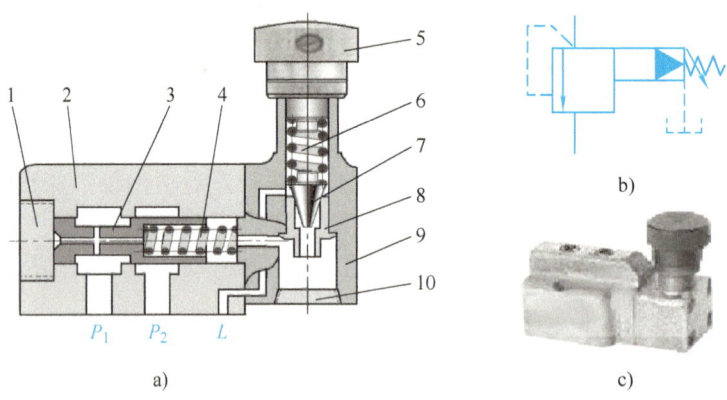

图 3-30　X 型顺序阀

a）结构原理图　b）图形符号　c）单向顺序阀外形图

1、10—丝堵　2—阀体　3—主阀芯　4、6—弹簧　5—调整螺母　7—先导阀芯　8—先导阀座　9—先导阀体

5. 压力继电器

压力继电器是使油液压力达到预定值时发出电信号的液-电信号转换元件，如图 3-31 所示。压力继电器进油口液压力达到弹簧的调定压力时，能自动接通或断开电路，使电磁铁、继电器、电动机等电气元件通电或停止工作，以实现对液压系统工作程序的控制、安全保护或动作的联动等。具体的应用详见本书项目 5。

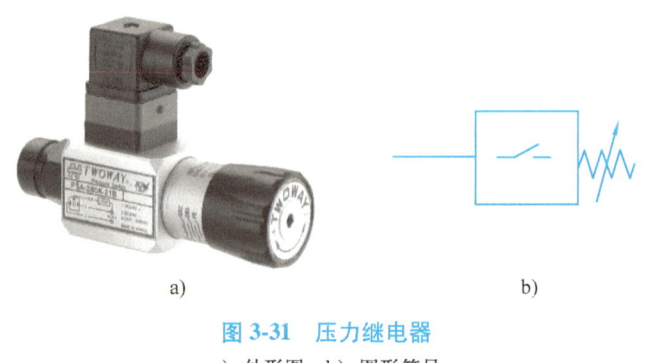

图 3-31　压力继电器

a）外形图　b）图形符号

3.3.3　流量控制阀

流量控制阀是通过改变阀口过流面积来调节通过阀口的流量，从而控制执行元件运动速度的液压控制元件。流量控制阀主要有节流阀和调速阀等。

1. L 型节流阀

图 3-32 所示为 L 型节流阀，它的节流油口为轴向三角槽式。压力油从进油口 P_1 流入，经阀芯左端的轴向三角槽后由出油口 P_2 流出。阀芯 2 在弹簧力的作用下始终紧贴推杆 3 的端部。旋转旋钮 4 可使推杆沿轴向移动，改变节流口的过流面积 A，从而调节通过阀的流量。

L 型节流阀的流量特性可用小孔流量通用公式式（2-13）描述。

L 型节流阀在液压系统的使用过程中，由于液压缸的负载常发生变化，使得节流阀前后

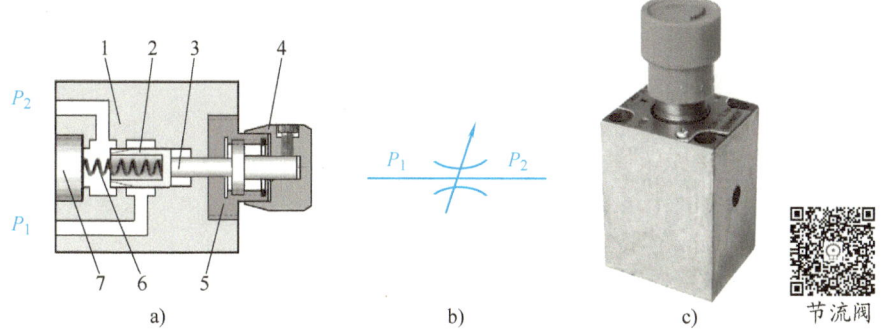

图 3-32　L 型节流阀

a）结构原理图　b）图形符号　c）外形图

1—阀体　2—阀芯　3—推杆　4—旋钮　5—推杆支座　6—弹簧　7—丝堵

的压力差 Δp 为变值，因而当阀口（$P_1 \rightarrow P_2$）过流面积 A 一定时，通过阀口的流量 q 也是变化的，执行元件的运动速度也就不平稳。节流阀流量 q 随其压差而变化的关系如图 3-33 中的曲线 1 所示。

节流阀的结构简单，制造容易，体积小，使用方便，造价低，但负载和温度的变化对流量稳定性的影响较大，因此只适用于负载和温度变化不大或速度稳定性要求不高的液压系统。

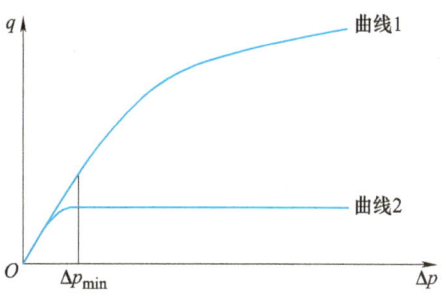

图 3-33　节流阀与调速阀的特性曲线

2. Q 型调速阀

Q 型调速阀是由定差式减压阀（简称减压阀）与节流阀串联而成的组合阀，如图 3-34 所示。其中，节流阀用来调节通过的流量，减压阀用来自动补偿负载变化的影响，使节流阀前后压力差为定值，以消除负载变化对调速阀流量稳定性的影响。

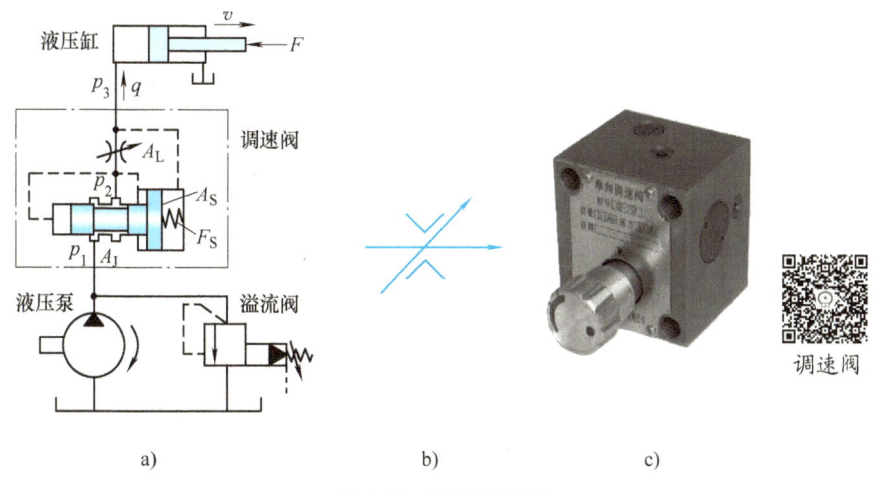

图 3-34　Q 型调速阀

a）结构原理图　b）图形符号　c）外形图

由图 3-34a 可知，减压阀的进油口压力为 p_1（即液压泵出口压力），出油口压力为 p_2；节流阀进油口压力为 p_2，出油口压力为 p_3。（p_3 由液压缸的负载 F 决定）。

假定减压阀阀芯两端液压力作用面积为 A_S，阀口过流面积为 A_J，作用在减压阀阀芯右端的弹簧力为 F_S，通过调速阀的流量为 q。

节流阀阀口过流面积为 A_L，节流阀出口压力 p_3 随液压缸的负载 F 的变化而变化。

由于节流阀的节流作用，使液压泵输出的多余油液从溢流阀溢出，溢流阀阀口处于打开状态，则液压泵的出油口压力 p_1 由溢流阀的调定压力决定，为一常值，即

减压阀前后压力差为

$$\Delta p_J = p_1 - p_2 \qquad p_2 = F_S/A_S + p_3$$

节流阀前后压力差为

$$\Delta p_L = p_2 - p_3 = F_S/A_S + p_3 - p_3 = F_S/A_S \approx 常数$$

通过节流阀的流量为

$$q = KA_L\Delta p_L^m = KA_L(F_S/A_S)^m \approx 常数$$

由于作用在减压阀阀芯上的弹簧刚度较小，且工作过程中减压阀阀芯位移很小，可以认为 F_S 基本保持不变。当节流阀阀口过流面积 A_L 不变时，通过节流阀的流量基本为定值。也就是说，无论负载如何变化，只要节流阀阀口过流面积 A_L 保持不变，液压缸的速度便会保持恒定值。因此，调速阀适用于负载变化较大，速度平稳性要求较高的液压系统，如各类组合机床、车床、铣床等设备的液压系统常用调速阀调速。

调速阀的流量特性曲线如图 3-33 中的曲线 2 所示。与节流阀流量特性曲线相比较，当调速阀的前后压力差 $\Delta p_L + \Delta p_J \leqslant \Delta p_{min}$ 时，由于调速阀中的减压阀未起作用，其阀的流量特性曲线与节流阀的流量特性曲线基本重合；当调速阀的前后压力差 $\Delta p_L + \Delta p_J > \Delta P_{min}$ 时，由于减压阀的自动调节作用，使通过调速阀的流量基本保持不变；而节流阀的流量始终随着负载的变化而改变。

3.4 项目教学指导

阅读：液压元件发展概况与回路组成

阅读 1：液压元件发展概况

我国液压元件生产的发展历程，大致可分为三个阶段：20 世纪 50 年代到 60 年代为起步阶段；20 世纪 60~70 年代为专业化生产体系成长阶段；20 世纪 80 年代后为快速发展阶段。

20 世纪 50 年代初，液压工业从机床行业生产仿苏联的磨床、拉床、仿形车床等液压传动起步。机床上使用的液压元件由机床厂的液压车间生产，自产自用。进入 20 世纪 60 年代后，液压技术的应用从机床逐渐推广到农业机械和工程机械等领域，原来附属于主机厂的液压车间有的独立出来，成为液压元件专业生产厂。到了 20 世纪 60 年代末、70 年代初，液压元件制造业出现了迅速发展的局面，一大批中小型企业变身为液压件专业生产厂，行业的规模得到了扩大，一个独立的液压元件制造业已初步形成。液压件产品也从仿制提升为引进技术与自行设计、制造相结合，其压力向中、高压发展，并相继开发了电液伺服阀等液压元

件，应用领域进一步扩大。

进入 20 世纪 80 年代，在国家改革开放的方针指引下，机械工业发展迅速，使得通用基础件（液压件是通用基础件之一）的生产严重滞后于主机需求的矛盾日益突出，引起各有关部门的重视。为此，国家将分散在机床、农业机械和工程机械等行业中的液压件专业生产厂统一划归通用基础件行业管理，使基础件行业在规划、投资、引进技术和科研开发等方面得到国家有关部局的指导和支持，从此进入了快速发展期。其时引进的国外先进技术，经消化吸收和技术改造，现已能开发出具有世界先进水平的液压元件，成为行业的主导产品。在液压行业建设方面，国家加大投资力度，加快企业的现代化改造，使一批主要的液压件生产企业（集团）的技术水平进一步提高，工艺装备得到很大改善，为形成高起点、专业化、集团化大批量生产打下了坚实的基础。近年来，液压行业中的三资企业也得到了迅速崛起与发展。一些世界著名液压件厂商在我国采用合资或独资方式，建立液压泵、液压马达、液压控制阀，液压系统和静液压传动装置等生产基地，对提高行业水平和扩大出口起到了重要作用。

目前，我国液压行业已形成了一个门类比较齐全，有一定生产能力和技术水平的制造体系。高质量的高压柱塞泵、齿轮泵、叶片泵，通用液压控制元件、液压缸等大批产品，为满足各类主机提高产品水平提供了技术保证。可见，加大力度调整产业结构和产品结构，依靠质的提高促进产品换代升级，以快速适应和拉动市场需求，求得更大发展，是我国今后一段时期内促进液压元件发展的必由之路。

阅读 2：液压基本回路的组成

在液压传动中，液压元件是组成液压系统的重要基础件，但它单独存在时，是无法体现其本身功能的。只有将若干个液压元件用油管连接起来，组成一个最小的回路单元，它才开始发挥作用。这个最小的回路单元就是液压基本回路，每个基本回路可在液压系统中完成一个特定的功能。因此，学习、掌握液压基本回路，是后续学习液压传动系统的基础。目前，随着各校液压实验、实训设施建设的完善，为液压元件的拆装、液压基本回路的组成实验、实训等活动提供了物质条件。

本项目教学指导的主要内容是介绍三种经常在实验或实训中进行综合的液压基本回路组成原理图，可以直接为组织项目教学时参考。其他液压基本回路的组成可参阅有关资料，具体实施细节可根据教学设备条件自主确定。

（1）压力控制回路　压力控制回路分为调压回路、减压回路、增压回路、卸荷回路、背压回路、保压回路和平衡回路等。图 3-35 为由调压回路、减压回路与卸荷回路综合组成的回路原理图示例。

（2）速度控制回路　速度控制回路有节流调速回路、容积调速回路和容积节流调速回路三种，下面分别进行示例。

图 3-36 为节流调速回路（实验综合）原理图，可实现节流阀的进油、回油和旁油节流调速，也可实现调速阀的进油节流调速，从而控制执行元件的运动速度。

图 3-37 为容积调速回路原理图，采用变量泵与变量液压马达组合，可以实现三种容积调速形式，即定量泵-变量液压马达容积调速、变量泵-定量液压马达容积和变量泵-变量液压马达容积调速。图中的溢流阀为安全阀（只在回路过载时打开）。

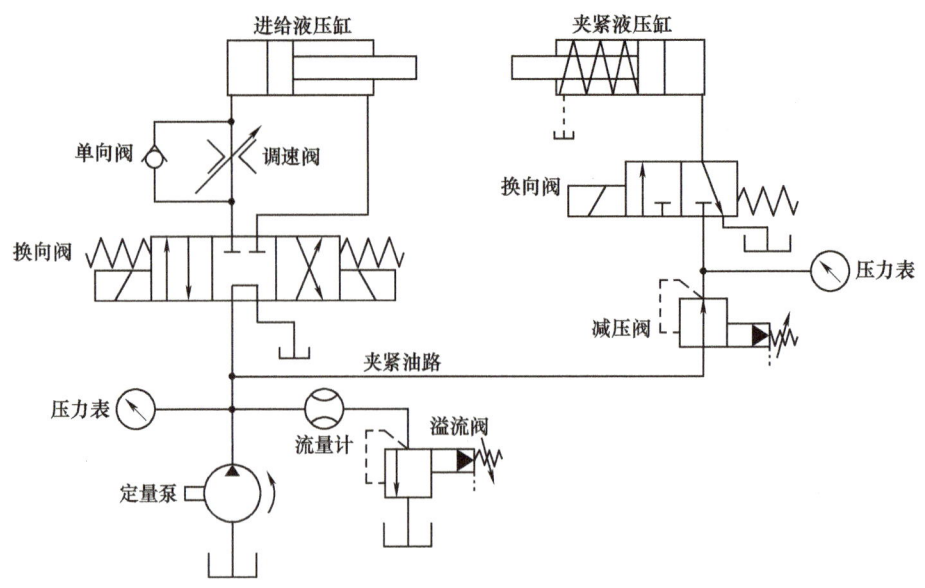

图 3-35 压力控制回路（实验综合）原理图

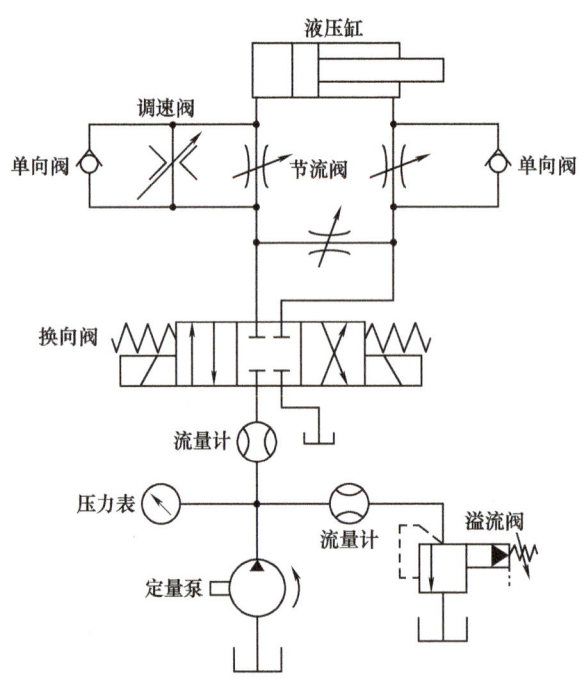

图 3-36 节流调速回路（实验综合）原理图

图 3-38 为容积节流调速回路原理图，采用变量泵与调速阀组合，不仅调速稳定可靠，而且功率利用合理，效率高。图中的溢流阀为安全阀（只在回路过载时打开）。

（3）速度换接回路 图 3-39 所示为行程阀快速-低速速度换接回路，液压缸采用活塞杆固定形式。当缸体向左快速运动时，若压下行程阀，则缸体的运动速度由调速阀控制，缸体低速运动。

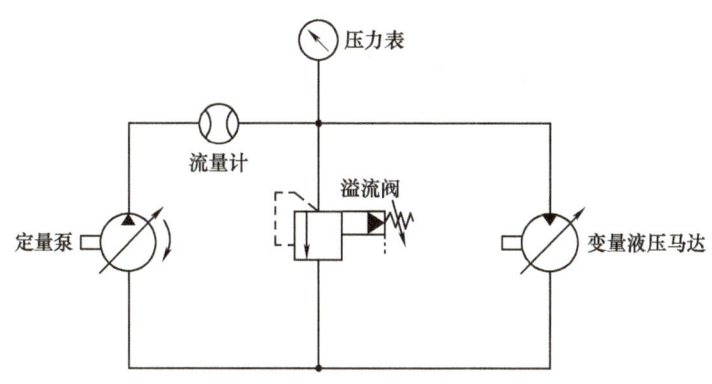

图 3-37 容积调速回路（实验综合）原理图

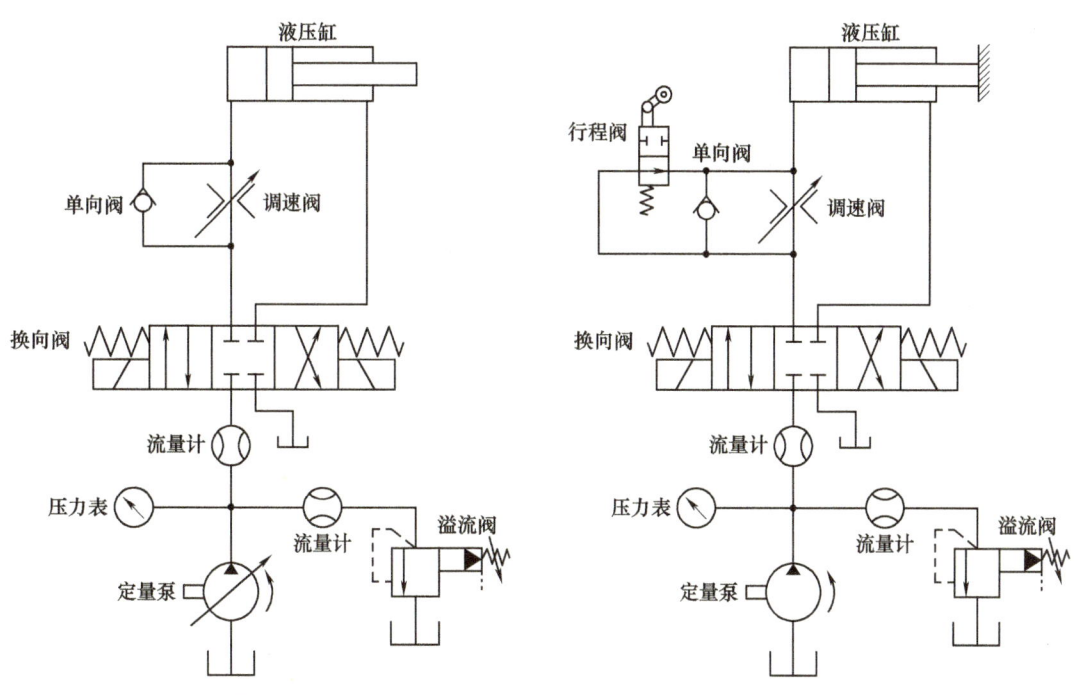

图 3-38 容积节流调速回路原理图　　　图 3-39 行程阀快速-低速速度换接回路

图 3-40 所示为调速阀串联的慢速转换回路，图中调速阀 1 的开口量要比调速阀 2 的开口量大。它用电磁阀进行两种低速的转换。

 教学视频：液压元件

教学视频 1：液压动力元件

液压泵是液压系统中的动力元件，它的主要作用是将其他形式的能量转换成液压系统所需的压力能。该视频重点介绍的是内啮合齿轮泵、外啮合齿轮泵、双作用叶片泵、单作用叶片泵、轴向柱塞泵和径向柱塞泵的工作原理，便于直观理解液压泵的工作原理和工作条件。

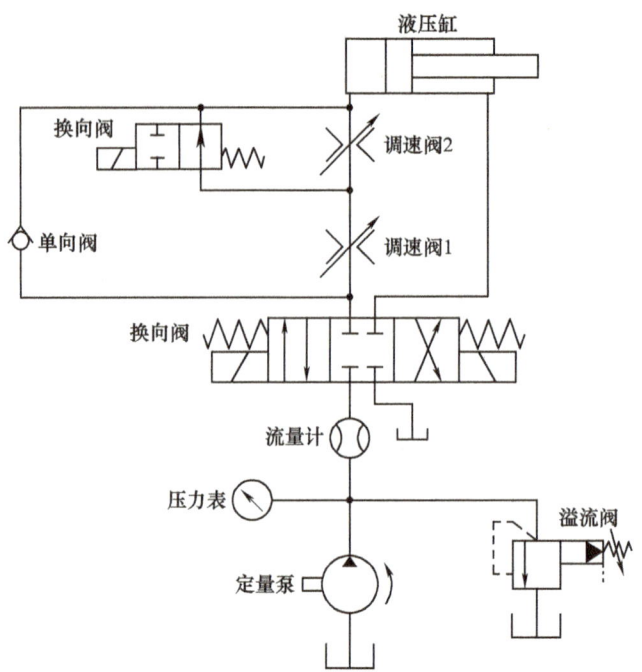

图 3-40　调速阀串联的慢速转换回路

教学视频 2：液压执行元件

液压执行元件的作用是将液压系统的压力能转换成机械能输出，分为液压缸和液压马达两大类。该视频重点介绍了活塞式液压缸，对液压马达也简略进行了介绍。

教学视频 3：液压控制元件

液压控制元件种类、数量较多，分为方向控制阀、压力控制阀和流量控制阀。

考虑到每一类控制阀又分为很多种，所以该视频在介绍元件的同时，引入了液压控制元件的图形符号，便于进行区分。凡是在视频中插入的本书用图，对图上标注的序号不再做详细介绍，可参考本书理解其含义。

 **应用视频：液压元件、回路实验与实训**

应用视频 1：液压实验（实训）台简介

液压实验与实训设备（图 3-41）是组织实训教学的重要条件。本视频中首先介绍了各种液压实验（实训）台，包括液压泵实验台、液压元件实验台、液压透明教具实验台、液压元件拆装实训台、智能液压综合实验台、液压伺服系统实验台、汽车转向液压助力器模拟台、挖掘机模拟液压实验台和叉车模拟液压实验台等。此外，还介绍了透明液压系统演示台。这个演示台所模拟的是书中图 1-2 平面磨床工作台往复运动液压传动原理的内容。

应用视频 2：液压元件拆装实训

液压元件拆装实训是实训教学中的重要内容。该实训对本项目教学内容的学习有很大的帮助。液压元件的拆装实训应结合教学进程一并进行，可以在液压实验室里组织拆装，也可以走进教室，分组进行拆装，这样可以使教学过程更加直观化。

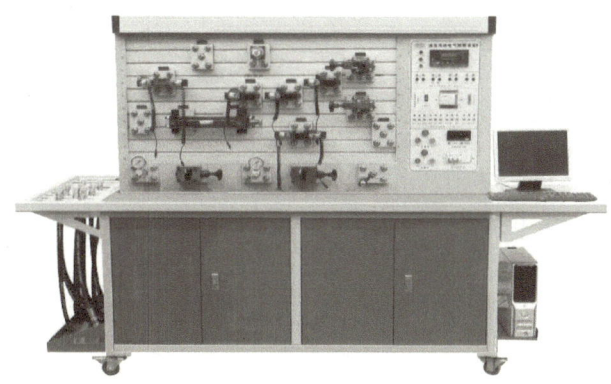

图 3-41　液压实验（实训）台

该视频中分别介绍了采用计算机制作的三维动画进行拆装和实物拆装两种方式。动画部分介绍了齿轮泵、叶片泵、液压缸和直动型溢流阀的拆装过程；实物拆装部分介绍了直动型溢流阀、先导型溢流阀、先导型减压阀和直动型顺序阀的拆装过程。在教学安排中，液压元件的实物拆装实训是必不可少的。

应用视频3：液压回路油管连接实训

该视频介绍了在液压实验台上元件的安装与管路的连接过程，以便于掌握正确的安装方法。一般来说，在液压实验台上使用的油管多为快速连接的橡胶软管（真实液压系统的油管多采用铜管或钢管），安装比较容易。

图 3-42 为数控车床回转刀架液压回路原理图。其中，刀架的转位由液压马达实现；刀架刀盘的夹紧与松开由活塞缸实现。

该视频首先展示了一个真实数控车床回转刀架的实例，从中可以了解回转刀架在机床车削加工中的换刀过程。接着介绍实训用的液压实训台和用于管路连接实训的回转刀架液压回路原理图，并通过视频全面展示在液压实训台上对回转刀架液压回路中的元件与橡胶软管进行管路连接的实况。

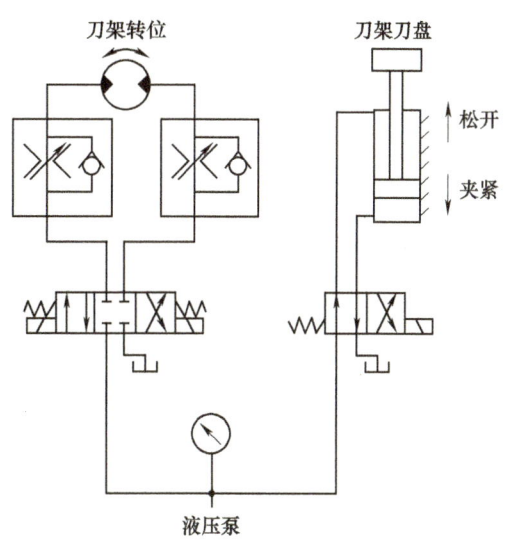

图 3-42　管路连接实训的液压回路实例

项目考核

一、思考题

1. 液压元件分为哪几类？各有何功用？
2. 液压泵完成吸油和压油过程必须具备什么条件？

二、填空题

1. 由内啮合齿轮泵的工作原理图可知：当泵在电动机的驱动下，小齿轮带动内齿轮旋转，吸油腔一侧，密封容积不断增大，形成局部_____，泵从油箱_____；当轮齿在月牙形隔板处旋转时，容积不再_____，使吸油腔一侧的油液被带到压油腔一侧；在压油腔一侧，轮齿进入啮合，密封容积不断_____，实现_____，油液被输入液压系统中。

2. 液压缸按结构特点的不同可分为_____缸、_____缸和_____缸。单作用液压缸是指_____；双作用液压缸是指_____。

3. 绘制换向阀图形符号的规定：方格数代表换向阀的_____；换向阀与外界连接的油口数称为_____；方格里的箭头代表_____，方格里的符号"⊥"代表_____。

三、计算题

如图 3-43 所示，写出液压缸在不同油路连接时，计算负载与压力、流量与速度的关系式。

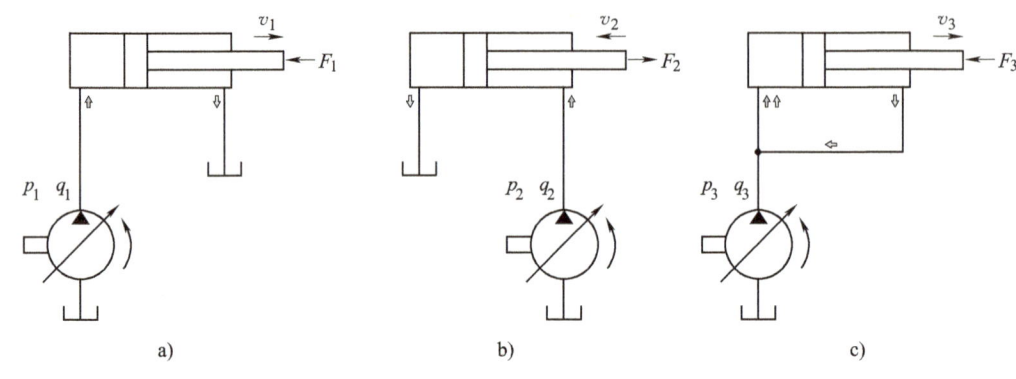

图 3-43　计算题图

四、实践题

1. 拆装一个 P 型溢流阀。边拆边记录拆卸的顺序，并写出各零件的名称；拆装若使用工具，要写出工具的名称。

2. 到液压实验（实训）室观摩，了解液压实验（实训）台，以便于以后对液压实验（实训）台进行操作。观摩过程中要先解决以下问题：

1) 液压实验（实训）台是如何组成的？
2) 液压元件是如何安装到实验台面板上的？
3) 油路是如何连接的？
4) 在实验（实训）台上，压力油源接口在哪？回油接口在哪？泄油接口在哪？
5) 液压实验（实训）台的维护保养与操作有哪些具体要求？

3. 在液压实验（实训）台上进行实验（实训）时，需要明确如下问题：

1) 需要准备哪些实训器材？
2) 如何将原理图中液压元件的图形符号与实际的液压元件相对应？
3) 液压元件在面板上如何布置？
4) 连接管路时，如何做到美观、有序？
5) 管路连接好后，如何进行检查？
6) 开车调试时，如何应对出现的问题？
7) 实验（实训）结束后，应做好哪些收尾工作？

4. 将液压回路实验（实训）结果及评价填入表 3-5。

表 3-5　液压回路实验（实训）评价表

序号	项目	内　　容	完成情况	分值	自评
1	元件选择			20	
2	元件布置			20	
3	管路连接			20	
4	回路调试			20	
5	正常演示			20	
		合计			

项目 4

液压辅助元件与液压站

液压辅助元件包括管件、过滤器、测量仪表、密封件、蓄能器和油箱等。这些液压辅助元件在液压系统中起着连接、净化、测量、防漏、蓄能和贮油等作用，是液压系统中不可缺少的元件。除油箱外，其他液压辅助元件已实现标准化。

液压站是由液压动力元件和液压控制元件组成的液压源装置，其按驱动装置要求的流向、压力和流量供油，适用于在驱动装置与液压站分离的各种机械中应用。将液压站与驱动装置中的液压执行元件（液压缸或液压马达）用油管相连，便可组成一个完整的液压系统。

4.1 液压辅助元件

4.1.1 油管和管接头

1. 油管

液压系统中使用的油管主要有钢管、纯铜管、橡胶软管、尼龙管和塑料管等。

图 4-1 所示为钢管。钢管分为焊接钢管和无缝钢管。压力小于 2.5MPa 时，可选用焊接钢管；压力大于 2.5MPa 时，常用冷拔无缝钢管；在要求防腐蚀、防锈的场合，可选用不锈钢管；超高压液压系统，可选用合金钢管。钢管能承受高压，刚性好，价格低，缺点是弯曲和装配均较困难，因此常用于中、高压系统或低压系统中装配部位限制少的场合。

图 4-2 所示为纯铜管。纯铜管可承受 10MPa 以下的压力，可以根据需要较容易地弯曲成任意形状，适用于小型中压和低压液压系统，特别是内部油管安装不方便之处。其缺点是价格高，抗震能力较弱且易使油液氧化。

图 4-1 钢管

图 4-2 铜管管材

图4-3所示为橡胶软管。橡胶软管用作两个有相对运动部件的连接油管，分高压和低压两种。高压软管由耐油橡胶夹铜线编织网制成，层数越多，承受的压力越高，最高承受压力可达42MPa。低压软管由耐油橡胶夹帆布制成，承受的压力一般在1.5MPa以下。橡胶软管安装方便，不怕振动，并能吸收部分液压冲击。

图4-3 橡胶软管

图4-4所示为尼龙管。尼龙管为乳白色透明的新型油管，承压能力因材质而异，适合的承压范围为2.5~8.0MPa。尼龙管有软管和硬管两种，可塑性大。硬管加热后也可以随意弯曲成形和扩口，冷却后又能定形，使用方便，价格低廉。

图4-5所示为耐油塑料管。耐油塑料管价格便宜，装配方便，但承压能力差，使用压力不能超过0.5MPa，长期使用易老化，只用作回油管和泄油管。

图4-4 尼龙管　　　　　　　　　　图4-5 塑料管

2. 管接头

管接头是油管与油管、油管与液压元件之间的可拆卸连接件。它应满足连接牢固，密封可靠，液阻小，结构紧凑，拆装方便等要求。管接头的种类很多，按接头的通路方向的不同，可分为直通、直角通、三通、四通等，如图4-6所示；按接头与油管的连接方式的不同，可分为扩口式、卡套式、焊接式、扣压式等，如图4-7~图4-10所示。

a)　　　　　　　　b)　　　　　　　　c)　　　　　　　　d)

图4-6 各种通路管接头

a) 直通　b) 直角通　c) 三通　d) 四通

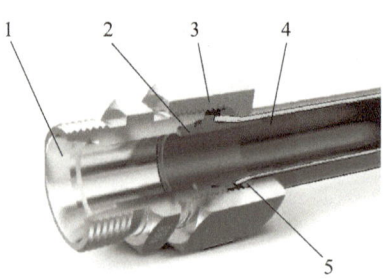

图 4-7　扩口式管接头

1—接头螺钉　2—锥套　3—接头螺母　4—油管　5—管套

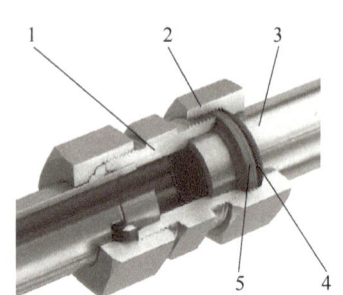

图 4-8　卡套式管接头

1—接头螺钉　2—卡套螺母　3—油管　4—后卡套　5—前卡套

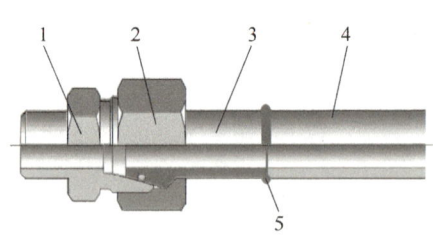

图 4-9　焊接式管接头

1—管接头体　2—螺母　3—焊接套　4—钢管　5—焊缝

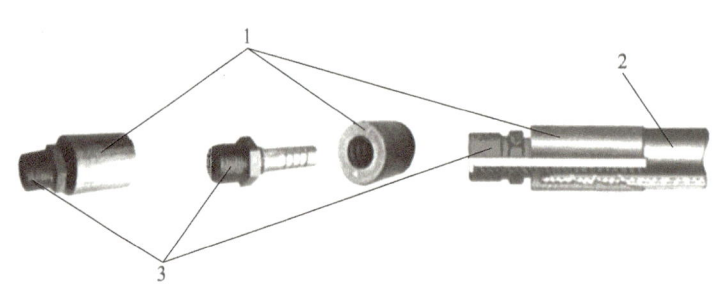

图 4-10　扣压式管接头

1—扣压螺母　2—高压软管　3—扣压螺钉

图 4-7 所示为扩口式管接头，适用于纯铜管、薄壁管、尼龙管和塑料管等中压和低压管件的连接，其工作压力小于 8MPa。图 4-8 所示为卡套式管接头，当旋紧卡套螺母时，前卡

套和后卡套被压缩,产生弹性变形而将油管夹紧。这种接头连接方便,不需要事先扩口或焊接,但对油管径向尺寸的精度要求较高,需采用冷拔无缝钢管。卡套式管接头常用于高压系统中,其工作压力可达 32MPa。图 4-9 所示为焊接式管接头。焊接式管接头拆卸不方便,焊接较麻烦,主要用于连接厚壁钢管。图 4-10 所示为扣压式管接头,可用于工作压力为 6~40MPa 系统中的软管连接。

此外,在液压实验台上,为便于快速安装或拆卸软管,常用快速管接头,如图 4-11 所示。

图 4-11　快速管接头

4.1.2　过滤器

过滤器的功用是滤除油液中的各种杂质,以免其划伤、磨损、甚至卡死有相对运动的零件,或堵塞零件上的小孔及缝隙,影响系统的正常工作,缩短液压元件的使用寿命,造成液压系统的故障。由此可见,用过滤器对油液进行过滤是十分重要的。

1. 过滤器的类型、过滤精度及用途

表 4-1 为过滤器的类型、过滤精度及用途一览表。选用过滤器的基本要求是:要有适当的过滤精度,要有足够的过滤能力,要有足够的强度。

表 4-1　过滤器的类型、过滤精度及用途

项目	润滑及传动系统				伺服系统
工作压力/MPa	0~2.5	<14	14~32	>32	≤21
过滤精度/μm	≤100	25~30	≤25	≤10	≤5
过滤器类型	网式过滤器、线隙过滤器	线隙过滤器	纸芯过滤器	烧结式过滤器	纸芯过滤器
过滤器位置	进油管路	压力管路	压力管路、回油管路	压力管路	压力管路、回油管路

2. 网式过滤器

图 4-12 所示为网式过滤器,由上盖、铜丝网、开有很多圆孔的圆筒和下盖组成。其过滤精度由网孔的大小和层数决定。网式过滤器结构简单,清洗方便,通油能力强,压力损失小,但过滤精度低,常用于液压泵的吸油管路,对油液进行粗过滤。

3. 线隙过滤器

图 4-13 所示为线隙过滤器,由用铜线或铝线密绕在筒形芯架外部而成的滤芯和壳体组成。流入壳体内的油液经线间隙流入滤芯内,再从上部孔道流出。这种过滤器常安装在压力管路中,用以保护系统中精密或易堵塞的液压元件。用于吸油管路中的线隙过滤器没有外壳,其作用是保护液压泵。

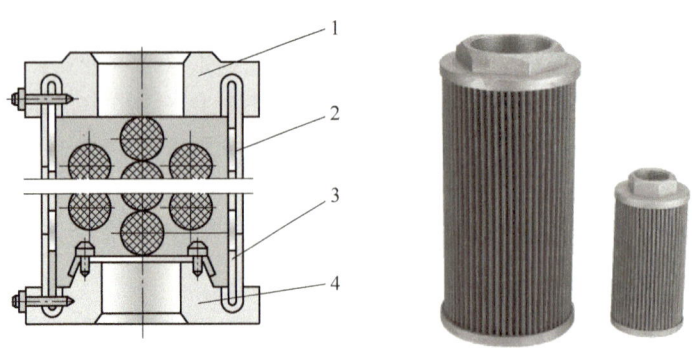

图 4-12　网式过滤器

1—上盖　2—铜丝网　3—圆筒　4—下盖

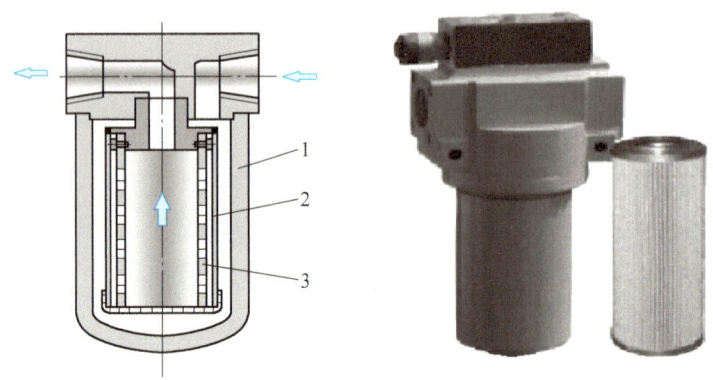

图 4-13　线隙过滤器

1—壳体　2—滤芯　3—芯架

4.1.3　流量计、压力表及压力表开关

1. 流量计

流量计用来观测连接管路上的流量。它的种类很多，常用的有涡轮流量计和椭圆齿轮流量计。图 4-14 所示为涡轮流量计，导磁的涡轮装在不导磁的壳体中心的轴承上。当液体流过流量计时，涡轮即以一定的转速旋转。这时装在壳体外的非接触式磁电传感器则输出脉冲信号，信号频率与涡轮的转速成正比，也就与通过的流量成正比，因此可以测定液体的流量。

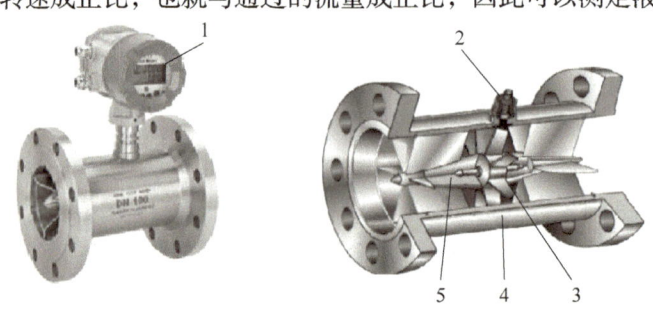

图 4-14　涡轮流量计

1—数显装置　2—磁电传感器　3—涡轮　4—壳体　5—导流器

2. 压力表

液压系统各部位的压力可通过压力表观测，以便调整和控制。压力表的种类很多，最常用的是弹簧管式压力表，如图 4-15 所示。

压力表有多种精度等级。普通精度的有 1、1.5、2.5…级，精密型的有 0.1、0.16、0.25…级。一般液压系统中使用的压力表为 2.5~4 级即可。用压力表测量压力时，被测压力不应超过压力表量程的 3/4。压力表必须直立安装。当将压力表接入压力管路进行测量时，应先通过一个阻尼小孔，以防止被测压力突变而损坏压力表。

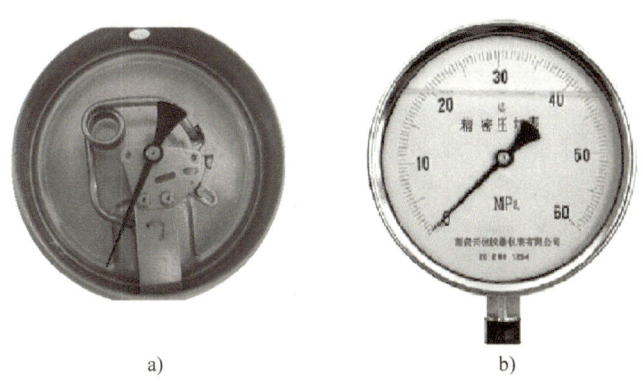

图 4-15 弹簧管式压力表
a）内部结构 b）外形

3. 压力表开关

压力油路与压力表之间须安装一个压力表开关。实际上它是一个小型的截止阀，能接通或断开压力表与压力油路的通道，只在需要测量压力油路中压力时才接通，其他时间则让两者断开，对保护压力表有利。压力表开关有一点、三点、六点、十点等，使压力表可检测多点处的压力。

图 4-16a 所示为带表型压力表开关，旋钮拔出为断开状态，旋钮压入为测量状态。拔出旋钮时转动，可换接另一个测压油路（此例为可测六点的压力表开关）。图 4-16b 所示为可测十点的压力表开关，开关本身不带压力表，必须外接，使用方法与带表型压力表开关相同。

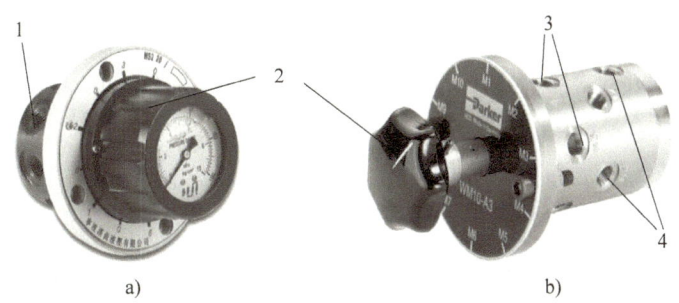

图 4-16 压力表开关
a）带表型压力表开关 b）外接表型压力表开关
1、4—被测压力连接孔 2—旋钮 3—外接压力表连接孔

4.1.4 密封件

1. 间隙密封

间隙密封指依靠精密加工,使相对运动零件配合面之间有极小的间隙(0.01~0.05mm)而实现密封。间隙密封不可能达到零泄漏。因此,为增加泄漏油的阻力,常在圆柱表面上加工几条环形槽(宽为0.3~0.5mm、深为0.5~1mm、间距为2~5mm),如图4-17所示。油液通过间隙泄漏到环形槽时,产生涡流,增加了泄油的阻力,减缓了漏油的速度。同时环形槽使轴和孔之间配合同心,可降低摩擦阻力和避免因偏心而增加漏油量,因此这些环形槽又被称为压力平衡槽。

间隙密封结构简单,摩擦阻力小,能耐高温,是一种最简单而紧凑的密封方式,在液压泵、液压马达和各种液压控制阀中得到了广泛的应用。其缺点是密封效果差,泄漏是不可避免的。因此,在采用间隙密封的元件中,要设置泄油管路 L。

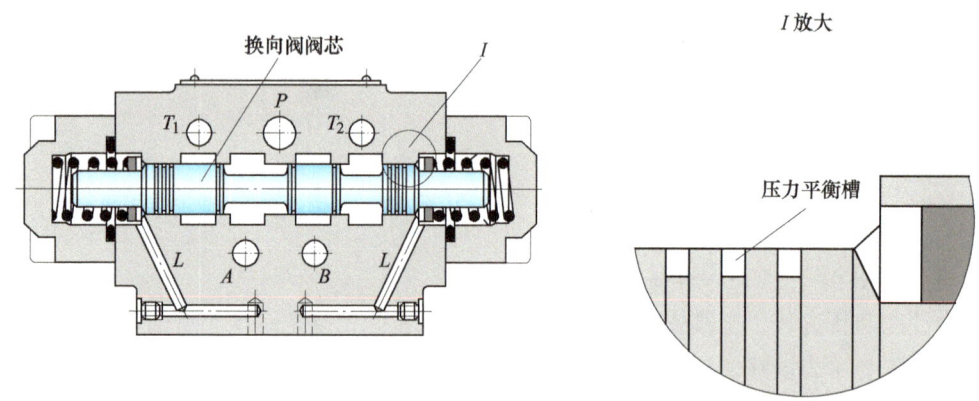

图 4-17 换向阀阀芯与阀孔配合的间隙密封

2. 密封圈密封

密封圈主要在液压缸上使用,其功用在于防止液压油通过活塞从缸的一腔泄漏到另一腔(称为内泄漏),或防止液压油从活塞杆与端盖的缝隙泄漏(称为外泄漏),保证建立起必要的工作压力,节省油料,防止污染环境。密封圈具有良好的密封性能,结构简单,维护方便,价格低廉,耐磨,使用寿命长,安装调整得当时可实现零泄漏。常见的密封圈有 O 形密封圈、Y 形密封圈和 V 形密封圈,如图4-18所示。密封圈的应用如图4-19所示。

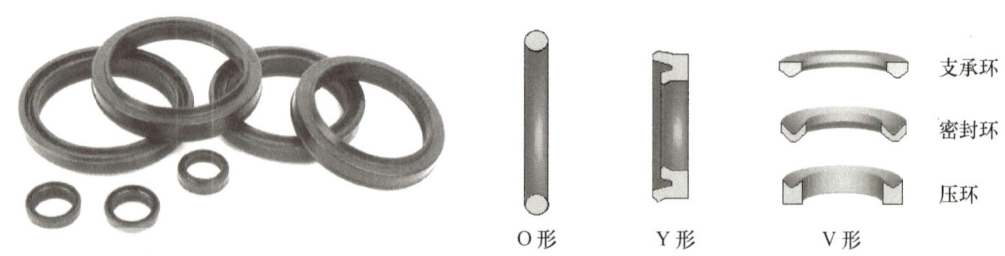

图 4-18 常见密封圈的种类

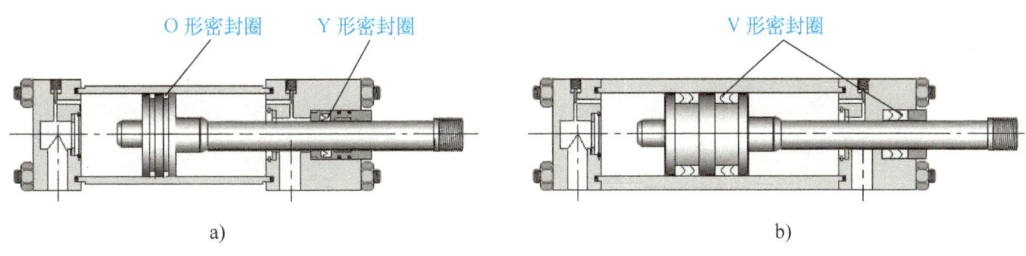

图 4-19 密封圈的应用
a) 中低压缸 b) 高压缸

O 形密封圈的截面为圆形，一般由耐油橡胶制成。它结构简单，密封性能好，动摩擦阻力小，制造容易，成本低，安装沟槽尺寸小，使用非常方便。其工作压力可达 70MPa，工作温度范围为 -40~120℃，既可用于直线往复运动和回转运动的动密封，也可用于静密封；既可用于外径密封，又可用于内径密封和端面密封。O 形密封圈及其安装沟槽的尺寸均已标准化，可根据需要由液压设计手册中查取。

Y 形密封圈的截面呈 Y 形，由耐油橡胶制成。当其工作时，利用压力使两唇边紧压在配合偶件的两接合面上实现密封。其密封性能可随压力的升高而提高，并且在磨损后有一定的自动补偿能力。因此，装配时其唇边应对着有压力的油腔，切不可安反。Y 形密封圈的工作压力不大于 20MPa，工作温度范围为 -30~80℃，一般用于轴、孔做相对运动，且速度较高的场合。

V 形密封圈由多层涂胶织物压制而成。它由形状不同的支承环、密封环和压环组成。当压环压紧密封环时，支承环可使密封环产生变形而起密封作用。其工作压力可达 50MPa，工作温度为 -40~80℃。当密封压力高于 10MPa 时，可增加密封环的数量。安装时应将密封环的开口端面向压力油腔。调整压环时，不可压得过紧，以防密封阻力过大。V 形密封圈密封长度较大，密封性能好，但其摩擦阻力较大，主要用于高压、低速场合。

4.1.5 蓄能器

1. 气囊式蓄能器

图 4-20 所示为气囊式蓄能器，由气阀、壳体、气囊和油阀等零件组成。气囊用耐油橡胶制成，固定在壳体的上部，囊内充入惰性气体（一般为氮气）。油阀是一个用弹簧加载的菌形阀，压力油从该阀进入。在液压油全部排出时，该阀能防止气囊膨胀挤出油口。

这种蓄能器的惯性小，反应灵敏，容易维护，因此最常使用。其缺点是容量较小，气囊和壳体的制造比较困难。

此外，还有活塞式、重力式、弹簧式和隔膜式蓄能器，可参考产品样本或手册选用。

2. 蓄能器的功用

蓄能器是液压系统中的贮能元件。它能贮存一定量的压力油，并在需要时迅速或适量地释放出来，供系统使用。其主要功用如下：

1) 用作辅助动力源。当液压缸做间歇运动或只做短时高速运动时，可利用蓄能器在液压缸不工作时贮存压力油，而在液压缸需要快速运动时，由蓄能器与液压泵同时向液压缸供给液压油。这样就可以用流量较小的泵，加上蓄能器的补油，使液压缸及其运动部件获得较

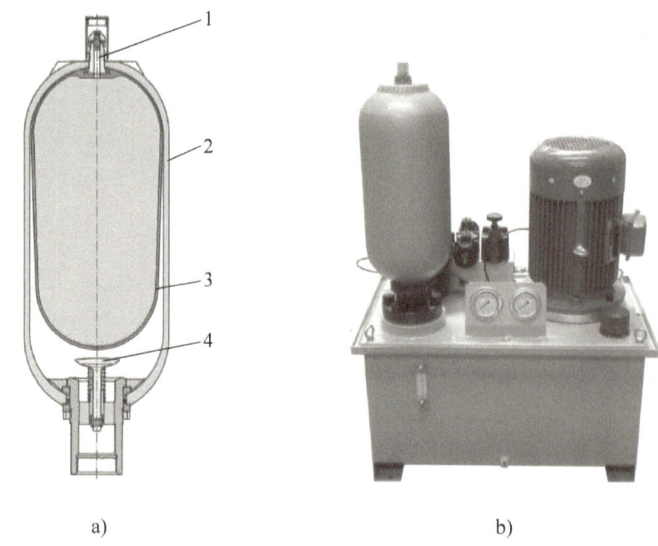

图 4-20 气囊式蓄能器
a) 结构　b) 在液压站上的安装位置
1—气阀　2—壳体　3—气囊　4—油阀

快的运动速度,不但可减少功率损耗,还可降低系统的温升。

2) 用作应急油源。当电源突然中断或液压泵发生故障时,蓄能器能释放出所贮存的压力油,使执行元件继续完成必要的动作,避免可能因缺油而引起的事故。

3) 使系统保压。当执行元件停止运动的时间较长,并且需要保压时,可利用蓄能器贮存的液压油补偿沿路的泄漏损失,以保证其压力不变。

4) 缓和冲击,吸收系统的压力脉动。在控制阀快速换向、突然关闭或执行元件的运动突然停止时,都会产生液压冲击。液压元件工作时也会使系统产生压力和流量的脉动。因此,当液压系统的工作平稳性要求较高时,可在冲击源和脉动源附近安装蓄能器,以起缓冲和吸收脉动的作用。

4.1.6 油箱

油箱的用途是贮油、散热、分离油液中的空气和沉淀油液中的杂质。其基本要求如下:

1) 油箱必须有足够大的容积。一方面尽可能地满足散热的要求,另一方面在液压系统停止工作时应能容纳系统中的所有工作介质,而工作时又能保持适宜的液位。

2) 吸油管及回油管应插入液面以下,以防止吸空和回油飞溅产生气泡。管口与箱底、箱壁距离一般不小于管径的 3 倍。吸油管可安装 100μm 左右的网式或线隙过滤器,安装位置要便于装卸和清洗过滤器。回油管口要切成 45°斜口,并且将斜口面向箱壁,以防止回油冲击油箱底部的沉积物,同时也有利于散热。

3) 吸油管和回油管之间的距离要尽可能地远些,两者之间应设置隔板,以加大液流循环流动的路径。这样能起到提高散热效率、分离空气及沉淀杂质的效果。隔板高度为液面高度的 2/3~3/4。

4) 为了保持油液清洁,油箱上端应有周边密封的顶盖,顶盖上装有空气滤清器,注油及通气一般都由一个空气滤清器来完成。为便于放油和清理，油箱底部要有一定的斜度，并在最低处设置放油阀。对于不易开盖的油箱，要设置清洗孔，以便于油箱内部的清理。

5）油箱底部应距地面150mm以上，以便于搬运、放油和散热。在油箱的适当位置要设吊耳，以便吊运，还要设置液位计，以监视液位。

6）对油箱内表面的防腐处理要求较高的液压系统，在条件允许时采用不锈钢制作的油箱是最理想的选择。

1. 油箱的结构

图 4-21 所示为基本的油箱结构。顶盖上安装有吸油管与网式过滤器、回油管和空气滤清器，侧面板上安装有液位计、清洗孔盖和放油丝堵。油箱中间的隔板将吸油端和回油端的液压油隔离开。

此外，在油箱的顶盖上还可以安装液压泵、电动机、液压阀等，组成一个液压站。有关液压站的内容本书后面还将进一步介绍。

2. 油箱附件

油箱附件主要有冷却器和加热器，如图 4-22 所示。一般来说，油箱中液压油的工作温度应控制在 30~50℃，最低温度不应低于 15℃。油温过低，油液黏度增加，阻力加大；油温过高，又会造成泄漏。因此，有时需要用冷却器或加热器来控制油温。

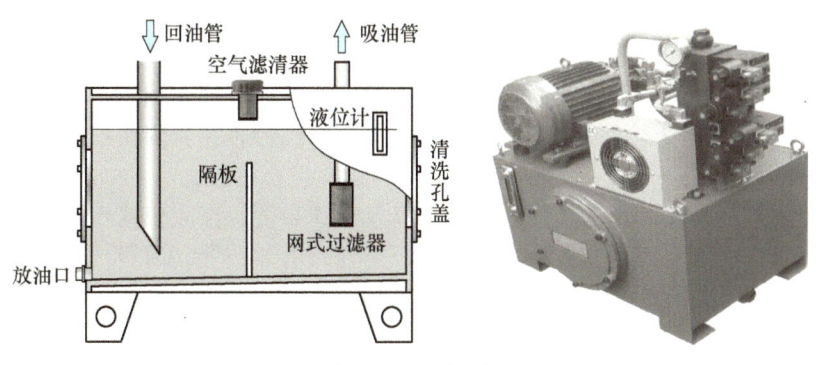

图 4-21 油箱结构

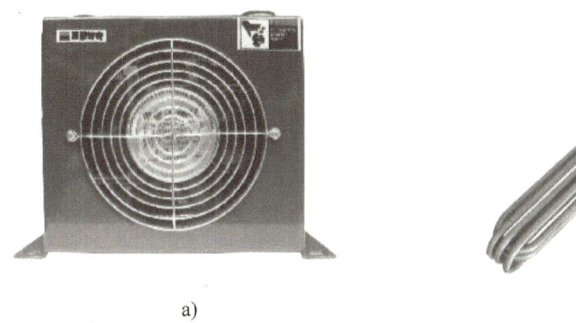

a)   b)

图 4-22 油箱冷却器与加热器

a）翅片式冷却器　b）电加热器

4.2 液压站

液压站由油箱及其附件、液压泵组件和液压控制阀组成。油箱上装有空气滤清器、过滤器、液位计和清洗孔等；液压泵组件包括各种型号的液压泵、联轴器和驱动电动机；液压控制阀是指液压系统中各阀类元件及其连接件。

1. 液压站的布置形式

1) 集中式。这种布置形式的液压站与主机相分离，单独设置。其优点是安装维护方便，液压站的工作与主机之间互不影响，缺点是增加了占地面积。

2) 分散式。这种布置形式的液压站，元件分散地安装在主机的内部。其优点是结构紧凑，节省了占地面积；缺点是安装维护困难，液压站的振动、发热等都会对主机工作性能产生影响，故一般很少采用。

2. 液压泵组件的布置

根据液压泵组件在油箱上的位置，液压站又分为上置式和非上置式。

1) 上置式。液压泵组件安装在油箱的顶盖上，有卧式和立式两种。其优点是紧凑、美观，节省占地面积；缺点是散热条件稍差，多用于中小型液压系统。

2) 非上置式。将液压泵组件设置在油箱的侧边上，其振动小，油箱易于清洗，但占地面积大，多用于大型液压系统。

液压泵与电动机的连接采用弹性联轴器。联轴器可以采用简单弹性套柱销联轴器。其特点是传递的转矩大、弹性好、转速高，但在使用时要经常检查弹性圈。

液压泵组件与油箱的连接多为平面接触式，用一组螺钉将其紧固在油箱的顶盖上。

3. 阀和辅件的布置

液压站上的控制阀安装在油箱的顶盖上，有单件式布置、集成块式布置和叠加阀式布置等。液压辅件可根据需要灵活布置。一般来说，空气滤清器布置在油箱顶盖上，回油过滤器多安装在油箱侧边上，蓄能器可布置在油箱的顶盖上，也可布置在油箱的侧边上。压力表、流量指示表布置在油箱顶盖的醒目位置。

液压站的基本安装形式如图 4-23 所示。

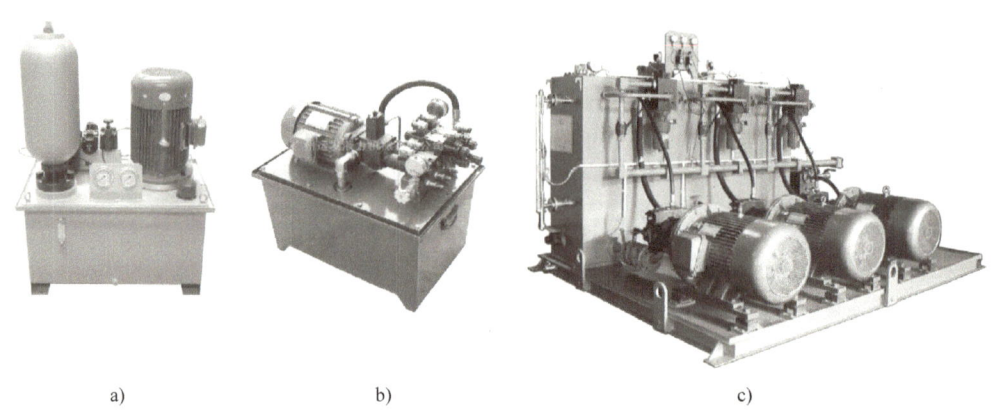

图 4-23 液压站的基本安装形式

a) 液压泵组件顶盖安装（立式） b) 液压泵组件顶盖安装（卧式） c) 液压泵组件侧边安装

4.3 项目教学指导

阅读：液压辅助元件图形符号与油路连接

液压元件如液压泵、液压马达、液压缸和各类液压控制阀，虽然每个元件都起着重要的作用，但它们都是一个个的独立元件，本身无法发挥其功能。只有借助液压辅助元件，将它们有机地结合在一起，形成一个回路或液压系统，才能使液压元件实现本身的功能。不仅如此，液压辅助元件在系统中还起着贮油、滤油、蓄能、保障系统正常工作的作用。

阅读1：液压辅助元件图形符号

液压辅助元件图形符号的含义及其在油路中的位置如图4-24所示。

阅读2：油路连接形式

将液压系统中的液压元件、辅件用油管相互连接在一起的过程，称为油路连接。油路连接常用的有管式连接、板式连接、集成块连接和法兰连接等，如图4-25所示。图4-26所示为液压站上的油路连接实例。

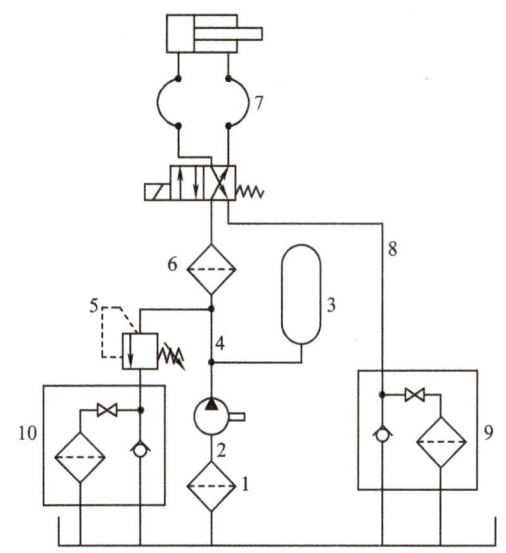

图 4-24　液压辅助元件图形符号及安装位置

1—进油过滤器　2—吸油管　3—蓄能器　4—压油管
5—控制油管　6—压油过滤器　7—高压软管
8—回油管　9、10—回油过滤器

a)　　　　　　b)　　　　　　c)　　　　　　d)

图 4-25　油路连接形式

a）管式连接　b）板式连接　c）集成块连接　d）法兰连接

图 4-26　液压站油路连接实例

教学视频：液压辅助元件与液压站

教学视频 1：液压油管及管接头

本视频按实际使用，将相应的管材与管接头编辑在一起，便于直观理解和掌握。本视频重点介绍了钢管及管接头、纯铜管及管接头、软管及管接头、尼龙管及管接头和塑料管及油管总成。

教学视频 2：液压缸的泄漏与密封

液压缸是液压系统中与其驱动的外部机构联系最为密切的液压执行元件。在主机上，液压缸完全暴露在外面，如图 4-27 所示，工作环境较差。

图 4-27 挖掘机上的液压缸

液压缸的泄漏始终是一个突出的问题。泄漏有内漏和外漏两种。内漏将影响液压缸的工作效率；而外漏不仅影响工作效率，而且漏出来的油液会污染环境。通过此视频可以看到液压缸泄漏的几种基本情况，如图 4-28 所示，图中箭头代表泄漏。

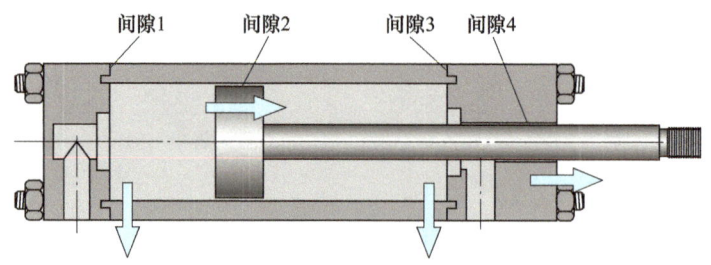

图 4-28 液压缸的泄漏

液压缸较多采用密封圈密封。本视频重点介绍了三种密封圈，即 O 形密封圈、Y 形密封圈和 V 形密封圈，然后利用一个液压缸加工和装配的实例，直观演示了密封圈的安装、测试过程。

教学视频 3：液压站

液压站是在液压泵站的基础上发展起来的新型装置。它只把液压执行元件（液压缸或液压马达）从液压系统中分离出来，将液压动力元件、液压控制元件及其相应的辅助元件组合在一起，形成一个相对独立的装置。

这种安排的原因在于，液压缸不是标准的液压元件，其结构完全取决于主机的需要。液压缸首先要保证与主机的密切联系。在这种情况下，多由主机生产厂根据设备的实际情况，决定液压缸的结构和尺寸。而液压动力元件和液压控制元件是标准件，不受主机的限制。这样用液压站的形式把液压缸分离出来，有利于液压专业生产厂家为主机提供液压动力源和控制部分；而主机生产厂家又便于使液压缸或液压马达适合主机的需要，从而解决液压站与液压缸之间衔接的矛盾。目前，主机生产厂与液压件专业生产厂之间的配套关系，多采用液压站，实现强强联合。

本视频从液压站的基本形式入手，通过实例介绍液压站的组装过程。观看这个组装的结果应该知道和了解以下问题：

1）液压站采用的是何种油路连接？
2）用了哪些液压元件？
3）管材是什么？
4）管接头是哪种类型？
5）泵组是哪一种？
6）这个液压站是用于低压系统，还是用于中压、高压系统？
7）液压站的测试包括哪些内容？

 **应用视频：液压油管总成**

这是一个实训题材，旨在通过实训，使学生熟悉和掌握液压油管及管接头总成的制作方法和技能。

本视频以铜管为例，介绍铜管及其管接头总成制作的全过程，具体要求如下：

1）制作两个油管，其中一个为弯曲形状，如图4-29所示。

2）用直通管接头将其连接在一起，如图4-30所示。

本视频中介绍了实训题目和制作工具及设备（包括裁管器、手动弯管器、电动弯管器、数控弯管机和扩口器），并通过实例介绍手动弯管器、数控弯管机和扩口器的操作方法。

图4-29 铜管制作

图4-30 油管及管接头总成

项目考核

一、思考题

1. 液压辅助元件分为几大类？各有何功用？
2. 在液压站上，将哪类液压元件分离了出来？
3. 液压站是如何组成的？
4. 液压站上各元件之间采用哪些连接方式？
5. 若液压站为中压系统，采用管式连接方式，则液压站的进油管采用何种管材？压油管采用何种管材？回油管采用何种管材？
6. 设备总装时，液压站与液压缸或液压马达之间采用何种油管连接？
7. 液压站的测试包括哪些内容？

二、填空题

1. 液压辅助元件包括_____、_____、_____、_____和_____等。这些液压辅助元件在液压系统中起着_____、_____、_____、_____和_____等作用，是液压系统中_____的元件。
2. 常用的管材有_____、_____、_____、_____和_____等；管接头按与油管的连接方式有_____管接头、_____管接头、_____管接头和_____管接头。
3. 密封圈由_____材料制成，分为_____形、_____形和_____形三种。
4. 过滤器按在油路中的位置，分为进油路、压油路和回油路过滤器。进油路安装的过滤器是_____过滤器；压油路安装的过滤器是_____过滤器；回油路安装的过滤器是_____过滤器。
5. 蓄能器的功用有：用作_____动力源、用作_____油源、使系统_____和缓和_____。
6. 油箱的用途是_____、_____、分离油液中的_____和沉淀油液中的_____。

项目 5 液压传动系统

为了使液压设备完成特定的工作和运动循环，将实现各种不同运动的执行元件及其液压回路拼集、汇集起来，用液压泵集中供油，形成一个网络，就构成了设备的液压传动系统，简称液压系统。

本项目通过对典型的液压系统的组成、工作原理及其特点的分析，结合视频教学，使学生直观形象地了解和熟悉常见的液压系统，初步掌握看懂液压系统图的方法以及具备正确使用和维护液压设备的能力。

5.1 组合机床动力滑台液压系统

5.1.1 概述

1. 组合机床

组合机床是机械加工生产线上的自动化加工设备，其动力滑台的运动是靠液压缸驱动的。动力滑台上的滑动工作台台面上可安装动力箱、多轴箱及各种专用切削头等工作部件。动力滑台与滑座、底座（床身）等通用部件可组成各种组合机床结构，如图 5-1 所示。组合机床一般为多刀切削加工，切削负载变化大，快慢速差异也大。它要求切削时速度低而平稳；空行程时进退速度快；快慢速度转换平稳；系统效率高，发热少，功率利用合理。因此，组合机床动力滑台液压系统必须满足其上述要求。

图 5-1 组合机床结构图

1—液压缸 2、6—动力滑台 3、5—动力箱 4—工件 7—底座

2. 动力滑台

动力滑台是组合机床上借助液压缸驱动滑动工作台,带动动力箱运动的一种通用部件,其结构如图 5-2 所示。动力滑台是系列化产品,不同规格的滑台,其液压系统的组成和工作原理基本相同。以图 5-2 所示的组合机床动力滑台为例,滑动工作台的侧面安装有可调的行程挡铁;滑座上面有导轨,滑动工作台可沿导轨做快速运动和进给运动;液压缸的活塞杆固定在滑座后端;滑座的前端安装有可调的固定挡铁,用来限制滑动工作台最大移动距离;滑座的侧面装有行程阀。

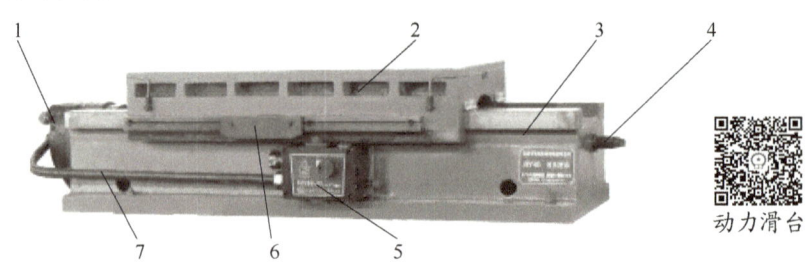

图 5-2 动力滑台结构图

1—液压缸 2—滑动工作台 3—滑座 4—固定挡铁 5—行程阀 6—行程挡铁 7—油管

3. 动力滑台液压系统

图 5-3 所示为动力滑台液压系统。该液压系统采用限压式变量叶片泵供油,用电液换向阀换向,用行程阀实现快慢速度转换,用串联调速阀实现两次工进速度的转换,是只有一个单杆活塞缸的中压系统,其最高工作压力不大于 6.3MPa。

动力滑台上的工作循环,是由固定在滑台侧面的行程挡铁直接压下行程阀换位或压下行程开关控制电磁换向阀的通电顺序实现的。在阅读和分析液压系统图时,可参阅电磁铁和行程阀动作顺序表(表 5-1)。

表 5-1 电磁铁和行程阀动作顺序表

液压缸工作循环	信号来源	电磁铁						行程阀11	
		1YA		2YA		3YA			
		+	−	+	−	+	−	+	−
快进	启动按钮	+			−		−		−
一工进	行程挡铁压下行程阀	+			−		−	+	
二工进	行程挡铁压下行程开关	+			−	+		+	
固定挡铁停留	压力继电器	+			−	+		+	
快退	时间继电器		−	+			−		−
原位停止	行程挡铁压下终点开关		−		−		−		−

注:"+"表示电磁铁通电或行程阀压下;"−"表示电磁铁断电或行程阀复位。

5.1.2 动力滑台液压系统的工作原理

1. 快进

如图 5-3 所示,快进时压力低,液控顺序阀 6 关闭,变量泵 1 输出最大流量。

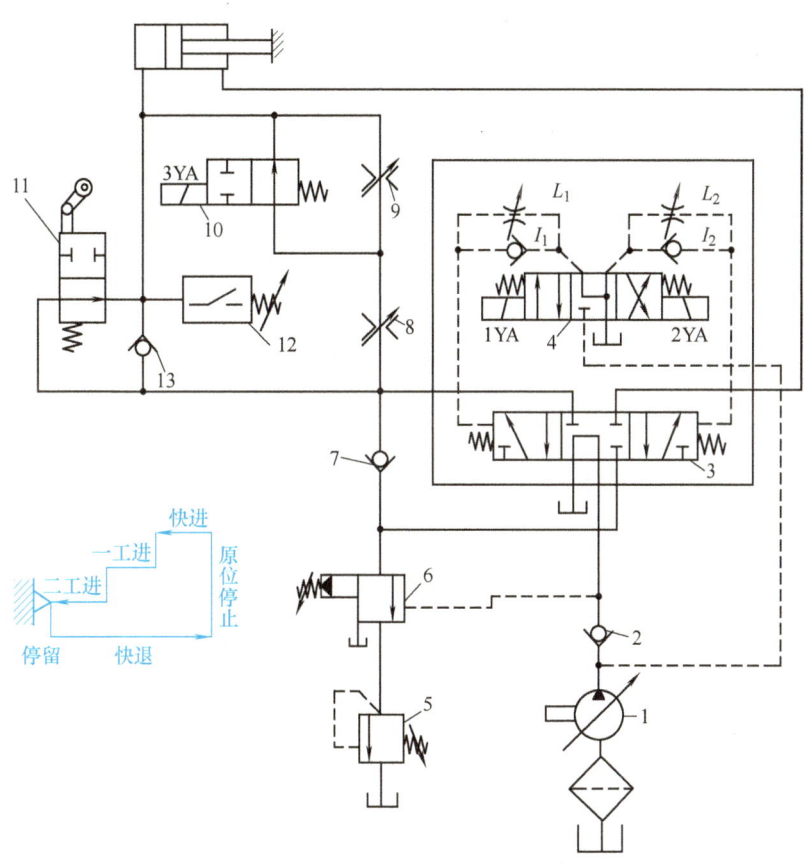

图 5-3 动力滑台液压系统

1—变量泵　2、7、13—单向阀　3—液动换向阀　5—溢流阀（起背压作用）　6—液控顺序阀
8、9—调速阀　4、10—电磁换向阀　11—行程阀　12—压力继电器

按下启动按钮，电磁铁 1YA 通电，电磁换向阀 4 左位接入系统，液动换向阀 3 在控制压力油作用下也将左位接入系统工作，其油路分为以下两个部分。

1）控制油路。

进油路：变量泵 1→换向阀 4（左）→单向阀 I_1→换向阀 3（左）。

回油路：换向阀 3（右）→节流阀 L_2→换向阀 4（左）→油箱。

换向阀 3 左位接入系统工作（换向时间由节流阀 L_2 调整）。

2）主油路。

进油路：变量泵 1→单向阀 2→换向阀 3（左）→行程阀 11→缸左腔。

回油路：缸右腔→换向阀 3（左）→单向阀 7→行程阀 11→缸左腔。

此时液压缸两腔连通，滑动工作台差动快进。

2. 第一次工作进给

当滑动工作台快进终了时，其上的行程挡铁压下行程阀 11，切断了快速运动的进油路。其控制油路没有改变，而主油路中的压力油只能通过调速阀 8 和二位二通换向阀 10（右位）进入液压缸的左腔。由于油液流经调速阀 8 而使系统压力升高，液控顺序阀 6 打开，单向阀 7 关闭，液压缸右腔的油液经顺序阀 6 和溢流阀 5 流回油箱。同时，变量泵的流量也自动减小，滑动工作台实现由调速阀 8 调速的第一次工作进给，其主油路为：

进油路：变量泵 1→单向阀 2→换向阀 3(左)→调速阀 8→换向阀 10(右)→缸左腔。

回油路：缸右腔→换向阀 3(左)→顺序阀 6→溢流阀 5→油箱。

3. 第二次工作进给

当第一次工作进给结束时，滑动工作台上的行程挡铁压下行程开关，电磁铁 3YA 通电，换向阀 10 左位接入系统工作，使通过换向阀 10 的油路关闭，压力油只能经过调速阀 8，再经过调速阀 9 进入液压缸的左腔。由于调速阀 9 控制的进给流量比调速阀 8 小，因此液压缸的进给速度由调速阀 9 决定，实现第二次工作进给，其主油路为：

进油路：变量泵 1→单向阀 2→换向阀 3(左)→调速阀 8→调速阀 9→缸左腔。

回油路：缸右腔→换向阀 3(左)→顺序阀 6→溢流阀 5→油箱。

4. 固定挡铁停留

滑动工作台完成第二次工作进给后，液压缸碰到滑座前端的固定挡铁后停止运动。这时，液压缸左腔的压力升高，当压力升高到压力继电器 12 的开启压力时，压力继电器 12 动作，向时间继电器发出电信号，由时间继电器延时控制滑动工作台的停留时间。这时的油路与第二次工作进给的油路相同，但实际上系统内油液已停止流动，液压泵的流量也自动减至最小，仅用于补充泄漏油。

设置固定挡铁可提高滑动工作台的位置精度及实现压力控制。

5. 快退

滑动工作台停留时间结束时，时间继电器发出电信号，使电磁铁 2YA 通电，1YA、3YA 断电。此时换向阀 4 右位接入系统，换向阀 3 也换为右位工作，主油路换向。因滑动工作台返回时为空载，系统压力低，变量泵的流量又自动恢复到最大值，故滑动工作台快速退回，其油路如下。

1）控制油路。

进油路：变量泵 1→换向阀 4(右)→单向阀 I_2→换向阀 3(右)。

回油路：换向阀 3(左)→节流阀 L_1→换向阀 4(右)→油箱。

2）主油路。

进油路：变量泵 1→单向阀 2→换向阀 3(右)→缸右腔。

回油路：缸左腔→单向阀 13→换向阀 3(右)→油箱。

6. 原位停止

当滑动工作台快速退回其原始位置时，行程挡铁压下原位行程开关，使电磁铁 2YA 断电，换向阀 4 恢复中位，换向阀 3 因两端没有控制压力油作用也恢复中位，液压缸两腔油路被封闭，滑动工作台被锁定在起始位置上。此时液压泵则经单向阀 2 及阀 3 中位卸荷，其油路如下。

1）控制油路。

回油路：换向阀 3(左)→节流阀 L_1→换向阀 4(中)→油箱。
　　　　换向阀 3(右)→节流阀 L_2→换向阀 4(中)→油箱。

2）主油路：变量泵 1→单向阀 2→换向阀 3(中)→油箱。

5.1.3　动力滑台液压系统的特点

动力滑台的液压系统是能完成较复杂工作循环的典型单缸中压系统，其特点如下。

1. 采用容积节流调速回路

该液压系统采用了"限压式变量叶片泵+调速阀+溢流阀（背压作用）"的容积节流调速回路。用变量泵供油，可使空载时获得快速（最大流量）；工进时，负载增加，泵在调速阀的控制下，流量又自动变小，因而功率的利用较为合理。用调速阀调速，可保证工作进给时获得稳定的低速，有利于组合机床提高加工精度和质量。调速阀设在进油路上便于压力继电器发信号，实现动作顺序的自动控制。回油路上加溢流阀（背压作用），能防止在负载突然减小时产生前冲现象，并能使工进速度平稳。

2. 采用电液联合控制的换向回路

采用反应灵敏的小规格电磁换向阀控制能通过大流量的液动换向阀实现主油路的换向，发挥了电液联合控制的优点。由于液动换向阀的阀芯移动速度可由节流阀 L_1、L_2 调节，因此能使流量较大、速度较快的主油路换向平稳，无冲击。

3. 采用液压缸差动连接的快速回路

由于主换向阀采用了三位五通阀，因此换向阀左位工作时，能使液压缸右腔的油液又返回液压缸的左腔，从而使液压缸两腔同时通压力油，实现差动连接。这种回路简便可靠。

4. 采用行程挡铁控制的速度转换回路

行程挡铁有两个作用，即作为控制行程阀，转换快进和一工进的速度；控制电器行程开关，转换一工进和二工进的速度。

5. 采用固定挡铁 + 压力继电器控制动作顺序

滑动工作台前进到终点时，碰到固定挡铁而停止运动。此时液压缸内的工作压力升高，压力继电器发出信号，使滑动工作台反向退回，动作安全可靠。

5.2 液压机的液压系统

5.2.1 四柱式液压机简介

液压机是对金属材料、塑料、橡胶、粉末冶金制品进行压力加工的设备。它在许多工业部门得到了广泛的应用。四柱式液压机用得最多，也最为典型。

四柱式液压机由充液箱、上横梁、立柱、滑块、下横梁、主缸、顶出缸、液压站和电控箱等组成，如图5-4所示。它可以对压制件进行冲剪、弯曲、翻边、拉深、冷挤和成型等压力加工。为完成上述工作，液压机应能产生较大的压制力，因此其液压系统工作压力高，液压缸尺寸大，流量也大，是较为典型的高压大流量液压系统。

5.2.2 四柱式液压机液压系统图（手动部分）

四柱式液压机有调整、手动和半自动三种操作方式，受学时限制，本书仅介绍其手动部分，给出手动部分的液压系统图。图5-5为手动控制四柱式液压机的液压系统图，由轴向柱塞式变量泵1、溢流阀2、顶出缸手动换向阀3、单向阀4、主缸手动换向阀5、压力表6、平衡阀（由溢流阀代替）7、液控单向阀8和9、充液箱液控单向阀10、主缸和顶出缸等元件组成。该系统采用变量泵—液压缸式容积调速回路，其主油路的最高工作压力由溢流阀2

限定。平衡阀 7 的作用是防止立式主缸活塞靠自重下落。

主缸驱动滑块实现"快速下行→慢速加压→保压→快速退回→原位停止"的工作循环；顶出缸驱动下滑块（图中未画出）实现"向上顶出→停留→向下退回→原位停止"的工作循环。

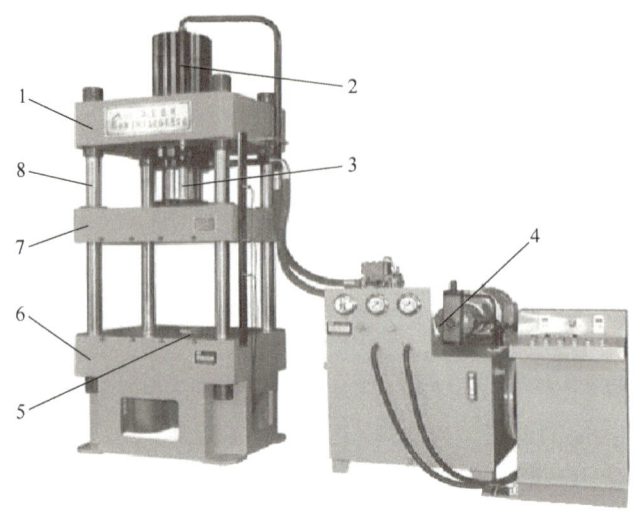

图 5-4　四柱式液压机

1—上横梁　2—充液箱　3—主缸　4—液压站　5—顶出缸　6—下横梁　7—滑块　8—立柱

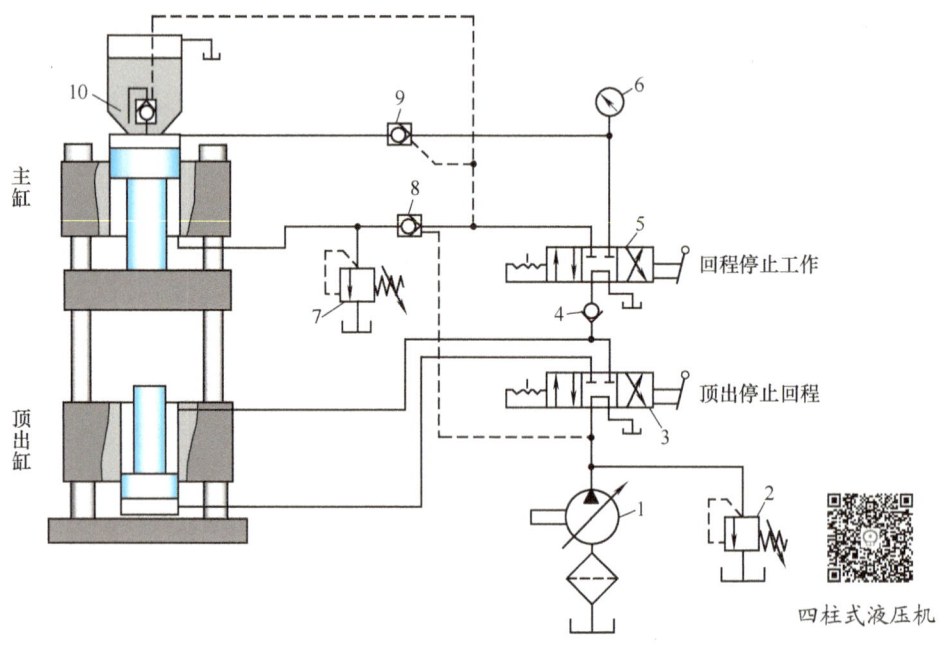

图 5-5　手动控制四柱式液压机液压系统图

1—轴向柱塞式变量泵　2—溢流阀　3—顶出缸手动换向阀　4—单向阀　5—主缸手动换向阀
6—压力表　7—平衡阀（由溢流阀代替）　8、9、10—液控单向阀

5.2.3 油路分析

在手动控制四柱式液压机的液压系统中，主缸和顶出缸分别完成其工作循环时的油路分析如下。

1. 主缸运动

（1）快速下行　按下启动按钮，手动控制顶出缸换向阀 3 在回程位置，主缸换向阀 5 在工作位置，液压油经换向阀 3（右）、单向阀 4、换向阀 5（右）、液控单向阀 9 进入主缸的上腔。因主缸压力低，且下行速度较快，主油路中的油液不足以满足主缸快速下行的要求，此时充液箱中的油液经液控单向阀 10 进入主缸的上腔；主缸下腔的回油，因系统压力低，液控单向阀 8 关闭，需经平衡阀 7 回油箱，从而实现主缸带动滑块快速下行，其油路如下。

进油路：

1）变量泵 1→换向阀 3（右）→单向阀 4→换向阀 5（右）→单向阀 9→主缸上腔。

2）充液箱→单向阀 10→主缸上腔。

回油路：主缸下腔→平衡阀 7→油箱。

（2）慢速加压　当主缸上滑块接触到被压制的工件时，主缸压力升高，液控单向阀 10 关闭，充液箱中的油液不再向主缸上腔供油。主缸下腔中的油液因系统压力升高，使液控单向阀 8 打开，因而主缸下腔的油液可以在低压状态下回油箱，其油路如下。

进油路：变量泵 1→换向阀 3（右）→单向阀 4→换向阀 5（右）→液控单向阀 9→主缸上腔。

回油路：主缸下腔→液控单向阀 8→换向阀 3（右）→油箱。

当主缸加压时，变量泵输出的流量自动减少，实现慢速加压。

（3）保压　随着慢速加压过程的进行，主缸上腔的压力也不断增加。此时要观察压力表 6，当主缸上腔液压力达到规定值时，手动控制换向阀 5 在停止位置，使变量泵卸荷。此时液控单向阀 8、9 关闭，主缸停止运动。

（4）快速退回　当保压结束后，手动控制换向阀 5 在回程位置。这时，油路换向，变量泵输出的油液经换向阀 3、单向阀 4、换向阀 5（左）、液控单向阀 8 进入主缸下腔；主缸上腔的油液，因液控单向阀 9、10 全打开，因此一部分回油经换向阀 5 流回油箱，另一部分经液控单向阀 10 回充到充液箱中，其油路如下。

1）控制油路：变量泵 1→换向阀 3（右）→单向阀 4→换向阀 5（左）→液控单向阀 9、10 控制口，打开液控单向阀。

2）主油路。

进油路：变量泵 1→换向阀 3（右）→单向阀 4→换向阀 5（左）→液控单向阀 8→主缸下腔。

回油路：

1）主缸上腔→液控单向阀 9→换向阀 5（左）→油箱。

2）主缸上腔→液控单向阀 10→充液箱。

（5）原位停止　当主缸活塞上升到指定位置时，手动控制换向阀 5 在停止位置，油路关闭，变量泵卸荷。

2. 顶出缸运动

当主缸原位停止时，才可以对顶出缸进行操作。

（1）向上顶出　手动控制换向阀 3 在顶出位置，变量泵输出的油液经换向阀 3（左）进入顶出缸的下腔；顶出缸上腔的油液经换向阀 3 在顶出位置流回油箱，其油路如下。

进油路：变量泵 1→换向阀 3（左）→顶出缸下腔。

回油路：顶出缸上腔→换向阀 3（左）→油箱。

（2）停止　当顶出缸活塞伸出一定高度时，要将下滑块上已加工完的压制件卸下，重新装夹上坯件，此时需要顶出缸停止运动，并保持一定的高度。操作的方法是手动控制换向阀 3 在停止位置，使变量泵卸荷。

（3）回程　当坯件装夹好后，顶出缸退回，使下滑块回到正确的加工位置。此时手动控制换向阀 3 在回程位置，其油路如下。

进油路：变量泵 1→换向阀 3（右）→顶出缸上腔。

回油路：顶出缸下腔→换向阀 3（右）→油箱。

5.3　项目教学指导

阅读：液压系统图

液压系统图是采用国家标准规定的液压图形符号绘制的液压系统原理图，最早采用在结构图上加文字说明来表示液压系统工作原理的方式。随着传动方式的增加，系统复杂程度增大，用结构图表示液压系统原理非常烦琐，而且又不容易读懂。因此，液压系统图的绘制逐渐向采用简洁、易读、易懂的说明液压系统工作原理的图形符号方向发展。

1. 液压图形符号国家标准简介

我国的液压图形符号标准有一个发展过程。20 世纪 50 年代初基本上采用苏联的标准，表示液压元件的图形符号是接近元件结构的半结构式，如液压泵就像齿轮泵结构，单向阀就像钢球式单向阀，溢流阀符号就像是直动式溢流阀结构。1965 年，我国颁布了第一个液压图形符号国家标准，即 GB 786—1965《液压系统图图形符号》；1976 年，对其进行了修订，颁布了第二个液压图形符号国家标准，即 GB 786—1976《液压及气动图形符号》。1993 年，我国颁布的国家标准 GB/T 786.1—1993《液压气动图形符号》已基本上脱离了结构、半结构图表示方式，完全以功能来表达图形符号，并首次与国际标准 ISO 1219-1—1991《流体传动系统和元件　图形符号和回路图第 1 部分：图形符号》基本接轨。

我国目前使用的是 2009 年颁布的国家标准，即 GB/T 786.1—2009《流体传动系统及元件图形符号和回路图　第 1 部分：用于常规用途和数据处理的图形符号》，替代了历次版本。此标准与国际标准 ISO 1219-1—2006《液压传动系统和元件图形符号和电路图　第 1 部分：传统使用和数据处理应用的图形符号》接轨，其实质性内容与国际标准基本相同，为与世界各国在液压领域的交流和沟通提供了方便。

在使用国家标准时，应遵循下述规定。

1）国家标准规定的液压图形符号，主要用于绘制以液压油液为工作介质的液压系统原理图或回路图。该标准规定的液压图形符号绘制方法，应在液压技术中严格执行。

2）液压元件的图形符号应以元件的静态或零位来表示；当组成液压系统的动作另有说明时，可例外。

3）在液压系统中，若无法采用图形符号表达液压元件时，可以采用结构简图表示。

4）液压元件的图形符号只表示液压元件的职能和连接系统的通路，不表示液压元件的具体结构和参数，也不表示系统管路的具体位置和液压元件的安装位置。

5）液压元件的图形符号在液压系统中酌情布置，除有方向性的元件符号（油箱和仪表等）外，可根据具体情况水平或垂直绘制。

6）液压元件的名称、型号和参数（如压力、流量、功率和管径）等，一般应在液压系统图的元件明细表中标明，必要时可标注在液压元件图形符号的旁边。

7）国家标准中未规定的图形符号，可根据标准的原则和所列图例的规律性进行派生；当无法直接引用和派生时，或有必要特别说明系统中某一重要元件的结构及动作原理时，均应允许局部采用结构简图表示。

8）液压元件图形符号的大小以清晰、美观为原则，根据图样幅面的大小斟酌处理，但要保证图形符号本身的比例。

液压系统图一般都是采用液压图形符号来绘制的。由于同类液压元件的图形符号又较为相似，很容易混淆，因此正确地理解和掌握液压图形符号的含义，对于分析和把握液压系统都有着十分重要的意义。针对液压元件图形符号繁多、易于混淆的情况，可以将液压元件的图形符号与其工作原理和特点相结合，"形象化"地理解其含义，并且"动态"地看待各种液压元件在液压系统中的状态，从而较简便地记忆并掌握液压元件图形符号及其在系统中的作用。

2. 阅读液压系统图的基本要求

1）具备与液压传动有关的基本理论知识。
2）具有一定的液压技术实践经验。
3）熟悉和掌握液压图形符号。
4）了解并熟悉液压设备的工艺流程及其对液压系统的动作要求。

3. 阅读液压系统图的基本方法

（1）抓两头连中间

1）先从液压系统图中找出一头是液压泵，另一头是所有的液压执行元件，如液压缸或液压马达等。

2）了解每个执行元件在液压系统中各执行什么动作，分清各执行元件动作的相互关系。

3）根据液压系统图中各液压元件的工作原理，判断元件在系统中可能起的作用。

4）熟悉液压设备的不同工况，确定液压系统的工作循环。根据工况，逐一确定每个工步下液压系统的油路状态。从液压泵和液压缸（或液压马达）两端开始，向中间寻找其连接油路，包括进油路和回油路，同时确定相应油路上液压元件的工作状态。

5）写出油路式，即控制油路和主油路。可参照本项目介绍的液压系统分析方法。

（2）对照实物，看懂液压系统图 在进行液压设备维护时，经常用到液压系统图。根据液压系统图，寻找相应的液压元件或管路，便于确定液压元件在液压设备中的确切位置及管路连接情况。

（3）液压系统图的分解　对于复杂的液压系统图，可以"化繁为简，化整为零"，将复杂的液压系统分解为简单的子系统或简单的回路，便于分析和理解。

阅读视频：液压图形符号

该视频介绍了表示液压系统图的结构法、半结构法和图形符号法。而采用图形符号法绘制的液压系统图更加简便，含义也更加确切，绘图也十分方便，而且有利于国际交流。

该视频较为详细地介绍了我国液压图形符号标准编制和颁布实施历程，从1965年开始到2009年止，前后共颁布了4部国家标准，并于1993年开始逐步与相关的国际标准接轨。

2009年颁布的现行国家标准，其图形符号与以往3次国家标准规定的图形符号有了较大的变化。为此，视频中通过7个示例，分别介绍了现行国家标准中的图形符号基本要素、液压泵、液压缸、液压马达、方向控制阀、压力控制阀、流量控制阀和液压辅助元件图形符号的画法及其描述。当然，视频中所介绍的液压图形符号只是最为常用的部分，更详细的内容请阅读国家标准 GB/T 786.1—2009。

 教学视频：液压系统工作原理分析

教学视频1：组合机床动力滑台液压系统

该视频首先介绍了组合机床和动力滑台的结构及组成，并着重指出液压系统只用来驱动动力滑台上的滑动工作台沿床身导轨的运动，包括快速运动（快进和快退）和工作进给（一工进和二工进）运动。

为使教学内容更为直观，该视频采用动画模拟和生产现场实物演示两种方法，来说明液压系统是如何通过单杆液压缸驱动滑动工作台，实现各工况下的运动和液压系统油路连通的。为形象起见，各工况下油路的连通是这样处理的，即压力油路用红色线段表示；回油路用蓝色线段表示。

教学视频2：四柱式液压机液压系统（手动部分）

该视频首先介绍了液压机分类，演示了我国第一台万吨水压机、八万吨模锻液压机、双柱式模锻液压机、冲压成形液压机生产线和四柱式液压机的工作过程。其中，重点介绍了四柱式液压机，原因在于四柱式液压机是应用最为广泛的一种液压机，在企业现场常见。四柱式液压机有调整、手动和半自动三种操作方式，受学时限制，仅介绍了其手动部分，给出了手动部分的液压系统图。在介绍液压机各工况下的动作及油路状态时，为了更加直观形象，增加了下滑块和工件，特别强调了在液压机的作用下工件的变形情况，如图5-6所示，以便更加形象地描述四柱式液压机在生产现场的工作过程。

 **应用视频：汽车起重机液压系统**

本视频是为配合阅读液压系统图教学活动而策划制作的，用以直观形象地介绍汽车起重机的基础知识、组成和液压系统。

汽车起重机主要有以下两种。

1）普通伸缩臂汽车起重机。这种起重机的起重吨位较小，一般不超过100t，如东风QY12汽车起重机（最大起升重量12t）和中联QY50V汽车起重机（最大起升重量50t），如图5-7和图5-8所示。

项目5 液压传动系统

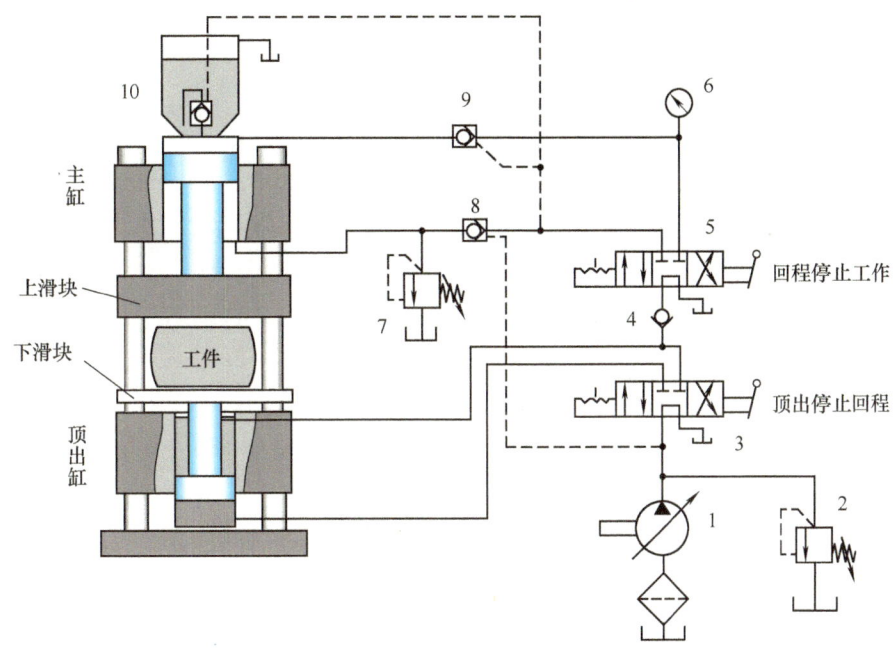

图 5-6 四柱式液压机液压系统图（手动部分）
1—轴向柱塞式变量泵 2—溢流阀 3—顶出缸手动换向阀 4—单向阀
5—主缸手动换向阀 6—压力表 7—平衡阀（由溢油阀代替）
8、9、10—液控单向阀

图 5-7 东风 QY12 汽车起重机　　　　图 5-8 中联 QY50V 汽车起重机

2）全地面汽车起重机。它是一种兼有汽车起重机和越野起重机特点的高性能产品。它既能像汽车起重机一样快速转移、长距离行驶，又可满足在狭小和崎岖不平或泥泞场地上作业的要求，即可行驶速度快、多桥驱动、全轮转向，有三种转向方式，离地间隙大，爬坡能力强，起升重量可超过 1000t，可不用支腿吊重等功能，是一种极有发展前途的产品。

XCA8000 全地面汽车起重机是我国徐州工程机械集团有限公司针对大型风电发展趋势而研发、制造的全新产品，如图 5-9 所示。其主臂长度为 105m，最大起重力矩可达到 8000t·m，最大起升高度 175m。整机行驶重量 96t，采用 9 轴结构，转弯直径最小为 30m，最高时速可达 80km/h，是全球起重能力较大的全地面起重机，标志着我国超大吨位起重机研发能力已经达到世界领先水平。

图 5-10 所示为汽车起重机上的液压执行元件名称及安装位置。为简化起见，仍选择较

85

图 5-9　XCA8000 全地面汽车起重机

小的汽车起重机——东风 QY12 汽车起重机进行介绍,以把握要点、减少内容,达到项目教学的基本要求即可。

如图 5-10 所示,东风 QY12 汽车起重机主要包括以下几部分机构。

图 5-10　东风 QY12 汽车起重机液压执行元件布置图
1—伸缩液压缸　2—变幅液压缸　3—起升液压马达(制动缸)
4—后支腿液压缸　5—回转液压马达　6—前支腿液压缸

1) 支腿机构。该起重机左右各有一个前支腿和后支腿,共四个支腿。支腿的动作由前、后支腿液压缸驱动。进行起重作业时,支腿机构使汽车轮胎离开地面,架起整车,不使载荷作用在轮胎上,并可调节整车的水平度,一般为四腿结构。前、后支腿由多路换向阀中的两个三位四通手动换向阀分别控制其伸出和缩回。每个液压缸上均设有双向液压锁,以保证支腿被可靠地锁住,防止在起重作业时发生"腿软"现象或在行车时支腿自由下落。

2) 吊臂转盘机构。该机构可使吊臂实现 360°任意回转,在任何位置都能够锁定停止。它采用液压马达作为执行元件,通过蜗轮蜗杆减速器和一对内啮合的齿轮传动来驱动转盘回转。其正、反转和停止动作由多路换向阀中的一个三位四通手动换向阀控制。

3) 吊臂伸缩机构。汽车起重机的吊臂由基本臂和伸缩臂组成,伸缩臂套在基本臂中,一般为 3 节或 4 节套筒伸缩结构。用多路换向阀中的一个三位四通手动换向阀控制伸缩液压缸来驱动吊臂的伸出和缩回,改变吊臂的长度。为防止因自重使吊臂下落,油路中设有平衡阀。

4) 吊臂变幅机构。吊臂的变幅是通过变幅液压缸改变起重臂的俯角角度来实现的,变幅范围为 15°~80°。变幅液压缸由多路换向阀中的一个三位四通手动换向阀控制。同样，为防止在变幅作业时因自重而使吊臂下落，在油路中设有平衡阀。

5）吊钩起降机构。它是汽车起重机中的主要工作机构，由一个低速大转矩定量液压马达来带动卷扬机工作，液压马达的正、反转由多路换向阀中的一个三位四通手动换向阀控制。起重机起升速度的调节是通过改变汽车发动机的转速，改变液压泵的输出流量，进而改变进入液压马达的输入流量实现的。在液压马达的回油路上设有平衡阀，以防止重物自由落下。为确保安全，在卷扬机上还设有制动器，由制动缸中的弹簧力实现对卷扬机的制动。

图 5-11 为小型汽车起重机液压系统图。这个系统图可以满足汽车起重机对液压传动的基本要求，具有一定的代表性，而且系统图较为简捷、实用，适合教学需要。

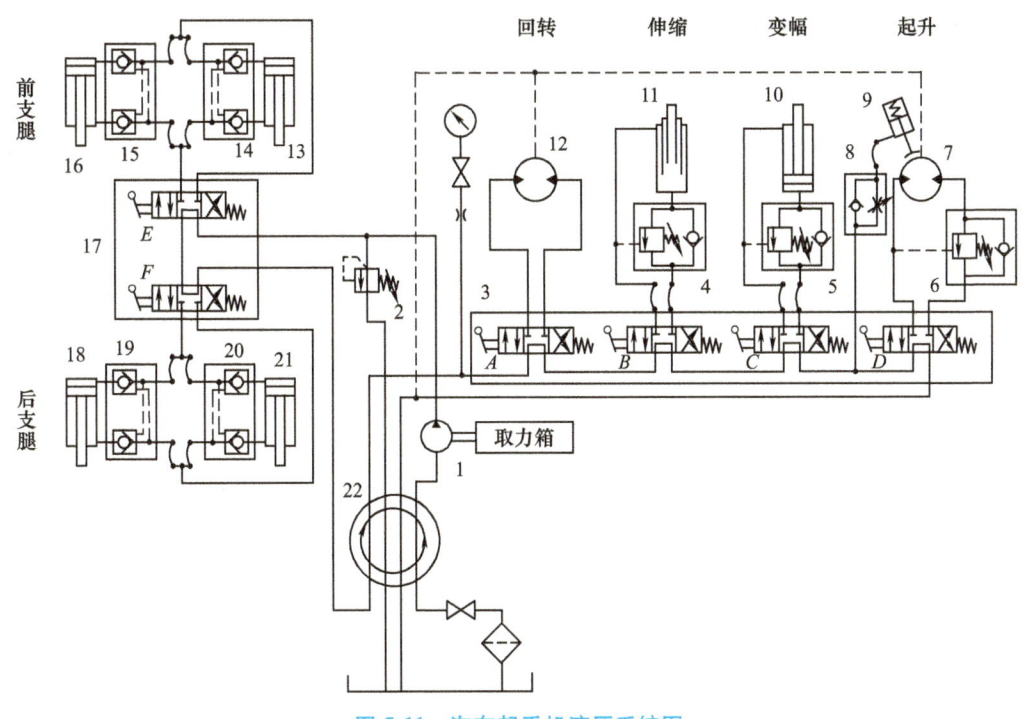

图 5-11 汽车起重机液压系统图

1—液压泵　2—安全阀　3、17—多路换向阀　4、5、6—平衡阀　7、12—液压马达　8—单向节流阀
9—制动缸　10、13、16、18、21—单杆缸　11—伸缩缸　14、15、19、20—液压锁　22—多路旋转接头

在项目教学过程中，可安排若干个活动小组，便于分析和讨论。通过观看视频，结合图 5-10，重点解决以下阅读液压系统图的有关问题：

1）看懂图 5-10 中与液压传动有关的部分结构。

2）看懂图 5-11 中各液压元件的图形符号，了解它们的名称及用途。分析图 5-11 中有哪些液压回路，说明其功用。

3）根据汽车起重机的吊装过程，了解液压系统中各液压回路之间是否有先后动作的顺序要求和互不干涉要求。

4）为保证液压执行元件在每瞬时只允许一个液压执行元件动作，系统是如何安排的。

5）平衡阀、液压锁在系统中的作用。

6）参照 5.2 节对手动控制四柱式液压机液压系统的分析方法，写出图 5-11 所示起重机在进行起重作业时的进油路和回油路。具体有：前后支腿的伸出、自锁和收回；吊臂转盘正、反转和停止；吊臂伸缩和停止；吊臂展幅和收幅；吊钩起降和停止等。

7）归纳总结汽车起重机液压系统的特点。

项目考核

一、思考题

1. 图 5-3 所示动力滑台液压系统由哪些基本回路组成？是如何实现差动连接的？采用行程阀进行快速—慢速的转换，有何特点？液控顺序阀 6 起什么作用？

2. 说明图 5-4 所示的四柱式液压机的组成。

3. 如何阅读液压系统图？

二、填空题

根据图 5-12 所示液压系统图及其工作循环图，填写系统工作循环时，各工况阶段电磁铁动作顺序表（表 5-2）。通电状态用"+"表示，断电状态为空白即可。

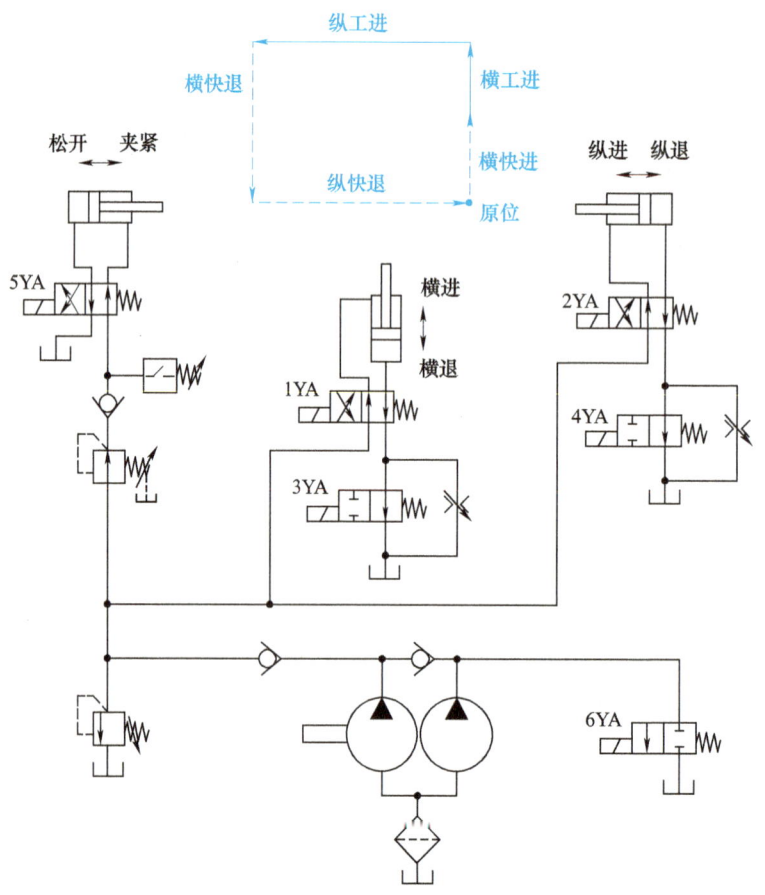

图 5-12 液压系统图及其工作循环图

表 5-2 电磁铁动作顺序表

工况	1YA	2YA	3YA	4YA	5YA	6YA
装件夹紧						
横快进						
横工进						
纵工进						
横快退						
纵快退						
卸下工件						

三、分析题

根据图 5-12 和表 5-2，对液压系统进行油路分析，分析方法参照动力滑台液压系统。

项目 6 液压伺服系统

液压伺服系统是根据液压传动原理建立起来的自动控制系统。在这种系统中，执行元件的运动随着液压控制机构的信号改变，因而伺服系统又称作随动系统。

6.1 车床液压仿形刀架

图 6-1 所示为卧式液压仿形车床。液压仿形刀架安装在溜板上，可随溜板做纵向运动。靠模的两个支承端中间可安装仿形用的靠模（图中未画出），靠模用来给液压伺服阀发出指令，使液压仿形刀架按靠模给出的指令做相应的仿形（跟随）运动。

车床仿形刀架是由液压伺服系统驱动，按照样件（靠模）的轮廓形状，对工件进行仿形加工的装置。采用这种仿形刀架对工作进行加工时，先用普通车削方式加工出一个样件，再以这个样件作为靠模，将其安装在液压仿形车床的靠模支承上，就可以利用仿形的方式复制出一批相同的零件来。它不但可以保证加工的质量，提高生产率，而且操作简单方便，因此在批量车削加工中（尤其是对特形面的加工）被广泛采用。

图 6-1 卧式液压仿形车床
1—溜板 2—液压仿形刀架 3—靠模支承 4—液压站

图 6-2 为车床上液压仿形刀架的示意图。液压仿形刀架倾斜安装在车床溜板的上面，工作时随溜板做纵向匀速进给运动。靠模安装在床身支架上固定不动。仿形刀架液压缸的活塞杆安装在刀架的底座上。液压缸缸体、伺服阀体、车刀和刀架连成一体，可沿液压缸活塞杆轴向移动。伺服阀阀芯在弹簧作用下通过杠杆使杠杆的触销紧贴在靠模上。

在仿形加工的整个过程中，溜板匀速向左进给，始终保持速率不变，直到加工结束。车削圆柱面时，溜板沿床身导轨向左移动，杠杆触销在靠模上方水平滑动，伺服阀阀口不打开，没有油液进入液压缸，整个仿形刀架只是跟随溜板一起做纵向移动，在工件上加工出圆柱面。车削端面时，杠杆触销在靠模斜面的作用下向上方偏摆，从而带动伺服阀阀芯上移，打开阀口，压力油进入液压缸上腔，缸下腔的油液流回油箱；液压力推动缸体连同伺服阀体和刀架一起，沿着液压缸活塞杆轴线向上运动。此两个运动的合成，使得车刀在工件上加工

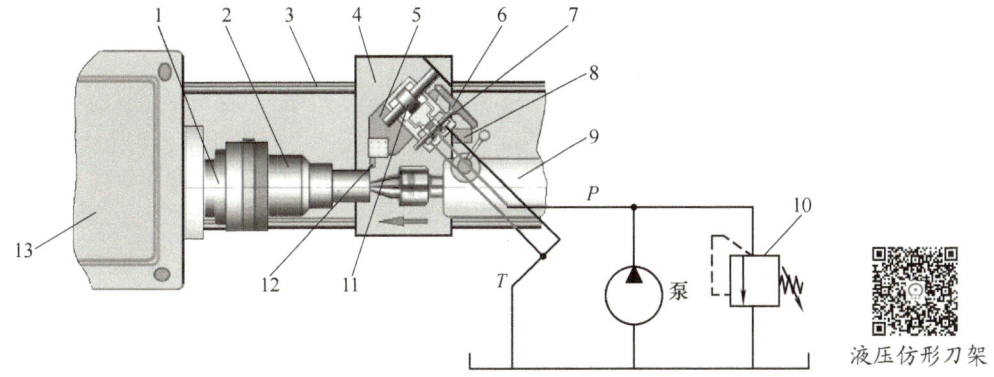

图 6-2 液压仿形刀架示意图

1—主轴 2—工件 3—导轨 4—溜板 5—刀架 6—杠杆 7—伺服阀阀芯
8—靠模 9—尾座 10—安全阀 11—液压缸 12—车刀 13—床头箱

出端面。其他曲面的加工仿形过程也都是在这样的合成运动下,由车刀在工件上仿形加工出来的。仿形加工结束时,通过电磁阀(图中未画出)使伺服阀的杠杆抬起至最上方位置,这样伺服阀阀芯上移,压力油通过伺服阀进入液压缸的上腔,缸下腔回油,仿形刀架快速退回原位。此时,溜板也返回原位。

6.2 机械手液压伺服系统

液压机械手的外形如图 6-3 所示。一般来说,液压机械手包括四个伺服系统,分别控制机械手的伸缩、回转、升降和手腕动作。由于每个液压伺服子系统的工作原理均相同,因此只以伸缩伺服子系统为例进行介绍。

图 6-4 为机械手手臂伸缩电流伺服系统原理图。它主要由电液伺服阀 1、液压缸 2、活塞杆带动的机械手臂 3、电位器 4、步进电动机 5、齿轮齿条机构 6 和放大器 7 等元件组成。当电位器 4 的动触点处在中位时,触点上没有电压输出。当它偏离这个位置时,就会输出相应的电压。电位器 4 的动触点产生的微弱电压经放大器 7 放大后,对电液伺服阀 1 进行控制。电位器 4 的动触点由步进电动机 5 带动旋转,步进电动机 5 的转角位移和转角速度由数字控制装置发出的脉冲数和脉冲频率控制;齿条固定在机械手臂 3 上,电位器 4 固定在齿轮上,所以当机械手臂 3 带动齿轮转动时,电位器 4 同齿轮一起转动,实现负反馈。

液压机械手伺服系统的工作原理如下:由数字控制装置发出一定数量的脉冲,使步进电动机 5 带动电位器 4 的动触点转过一定的角度(假定为逆时针方向转动)。此时由于电位器 4 的动触点偏离了中位,产生微弱的电压,经放大器 7 放大后的较高电压输入电液伺服阀 1 的控制线圈,电磁力推动电液伺服阀 1 的阀芯向右移动,使电液伺服阀 1 的阀口产生一定的开度。这时,压力油经阀口液压缸的右腔,推动活塞及机械手臂 3 一起缩回,缸左腔的油液经电液伺服阀 1 流回油箱。当机械手臂 3 缩回时,通过齿轮齿条机构带动电位器 4 的轮式静触片逆时针旋转,转过一定的角度时,使电位器 4 的动触点又回到中位,动触点的输出电压为零,电液伺服阀 1 失去信号,阀口关闭,机械手臂 3 停止移动。机械手臂移动的行程取决于脉冲的数量,机械手臂移动的速度取决于脉冲的频率。当数字控制装置反向发出脉冲时,

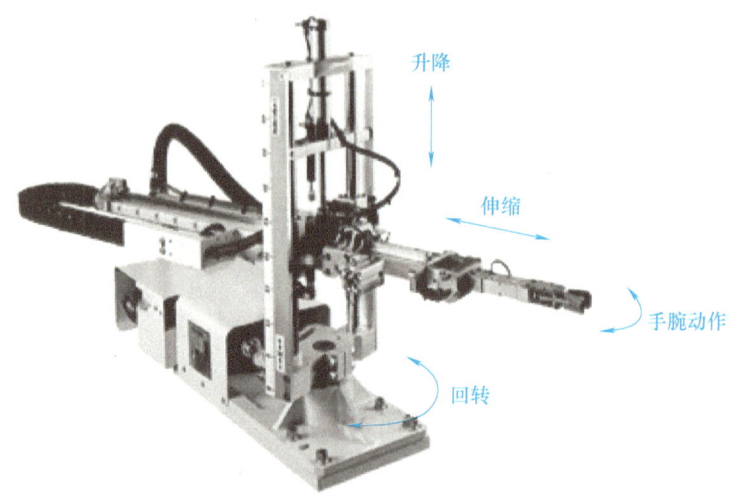

图 6-3 液压机械手

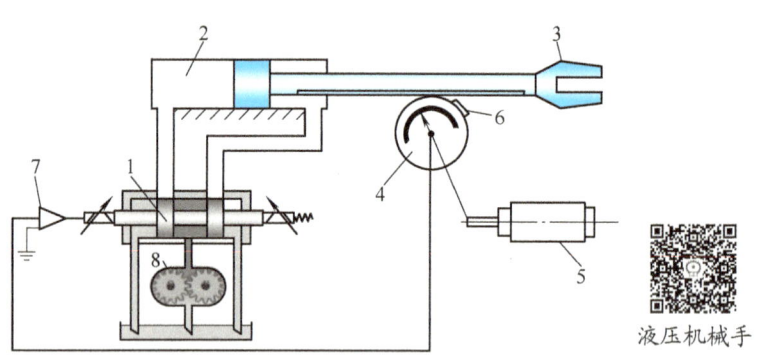

图 6-4 机械手手臂伸缩电流伺服系统原理图

1—电液伺服阀 2—液压缸 3—机械手臂 4—电位器
5—步进电动机 6—齿轮齿条机构 7—放大器 8—泵

步进电动机 5 顺时针方向转动，机械手臂 3 便伸出。此过程的分析方法与机械手臂缩回相同，不再赘述。

6.3 液压伺服系统的特点及工作特性

6.3.1 液压伺服系统的特点

通过上述两个液压伺服系统实例，可以看出液压伺服系统具有以下特点。

1. 位置跟随系统

液压伺服系统是一个位置跟随系统。在液压伺服控制机构的作用下，液压伺服缸（或液压伺服马达）的动作完全自动地跟随输入位移（或角位移）的变化规律而变化，体现为位置跟随运动。

2. 功率放大系统

液压伺服系统是一个功率放大系统，其输入信号的功率仅够推动液压伺服阀芯移动即可，而液压伺服缸或液压伺服马达的输出功率却很大，可带动较大的负载一起运动。

3. 负反馈系统

液压伺服系统是一个负反馈系统。例如，液压伺服缸输出的位移之所以能够精确地复现输入位移的变化，是因为液压伺服阀的阀体和液压伺服缸固连在一起，构成了一个负反馈控制环节。液压伺服缸输出位移通过这个负反馈控制环节回输给液压伺服阀阀体，并与输入位移相比较，从而逐渐减小和消除输出位移和输入位移之间的偏差，直到两者相同为止。因此，负反馈控制环节是液压伺服系统中必不可少的重要环节，如图 6-5 所示。

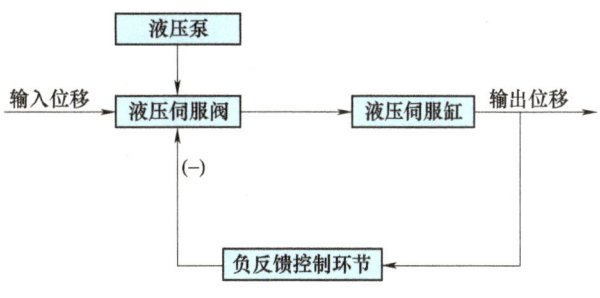

图 6-5 液压伺服系统工作原理方框图

4. 有误差系统

液压伺服系统是一个有误差系统。液压泵的压力油若想进入液压伺服缸，就必须保证液压伺服阀的阀口有一定的开度，才能驱动液压伺服缸运动。若阀口关闭，则液压伺服缸只能停止运动。由此可见，若使液压伺服缸克服工作阻力并以一定的速度运动，首先必须保证液压伺服阀的阀口有一定的开度，这个阀口开度就是误差，这就是液压伺服系统工作的必要条件。液压伺服缸运动的结果就是力图减少这个误差，但在其工作的任何时刻也不可能完全消除这个误差。没有误差，液压伺服系统就停止工作。

6.3.2 液压伺服系统的工作特性

液压伺服系统的工作特性包括静态特性和动态特性两个方面。静态特性是指液压伺服系统进入稳定工作状态时的工作特性，这一特性主要表现为液压伺服系统的工作精度。液压伺服系统的动态特性是指液压伺服系统的输入位移变化时，输出位移跟随输入位移的变化过程所具有的特性，表现为液压伺服系统的稳定性和过渡过程的品质。

1. 静态特性

液压伺服系统的静态特性包括速度特性、负载特性和静不灵敏区。

（1）速度特性 液压伺服系统的速度特性是指液压伺服缸的运动速度与误差信号之间的关系。液压伺服缸只要运动，就要求液压伺服阀阀口有一定的开度，并且液压伺服缸运动的速度越大，需要液压泵供油的流量也越大，则液压伺服阀的阀口开度也越大，误差也就越大。这个由液压伺服缸速度变化引起的液压伺服阀阀口开度的变化称为速度特性。反映液压伺服系统这一速度特性的参数为速度放大系数，用 K_v 表示。它的定义是：当系统负载为零时，速度变化量 Δv 与跟随误差变化量 Δe_v 的比值，即

$$K_v = \frac{\Delta v}{\Delta e_v}\bigg|_{F=0}$$

（2）负载特性 液压伺服系统的负载特性是指液压伺服缸的承载力与误差信号之间的关系。当液压伺服缸的速度为零（或速度一定）时，如果系统受外负载的作用，液压缸两

腔必须相应地产生一定的压力差与外负载平衡,为此液压伺服阀的阀口就要相对于阀体移动一个距离,且负载越大,阀口的移动距离也越大。假定外负载的变化量为 ΔF,相应产生的阀口开度的变化量为 Δe_F,则这个由外负载变化引起的液压伺服阀阀口开度的变化量称为负载误差。反映液压伺服系统这一负载特性的参数称为刚性系数,用 K_F 表示。它的定义是:当液压伺服缸的速度为零时,外负载变化量 ΔF 和液压伺服阀阀口开度的变化量 Δe_F 的比值,即

$$K_F = \frac{\Delta F}{\Delta e_F}\bigg|_{v=0}$$

(3) 静不灵敏区 图 6-6 所示为液压伺服阀的开口形式。正开口和零开口没有静不灵敏区,其中零开口控制精度最高;而负开口存在静不灵敏区 2Δ。

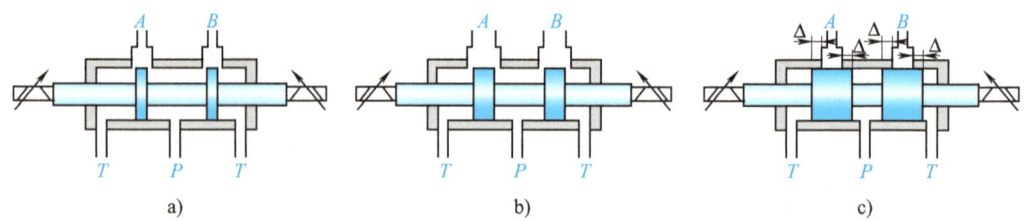

图 6-6 液压伺服阀的开口形式
a) 正开口 b) 零开口 c) 负开口

2. 动态特性

液压伺服系统的动态特性包括稳定性和动态过程品质。稳定性是指导液压伺服系统在一个输入信号作用下,经历一段过渡过程后,能自动地达到新的稳定状态的能力。系统若不稳定,则无法正常工作。

动态过程品质是指系统在输入信号作用下,由一个稳定状态过渡到另一个稳定状态的过程。

总之,一个性能良好的液压伺服系统应能达到稳定、快速跟随和跟随误差小的指标要求。

6.4 项目教学指导

 阅读:液压伺服阀

液压伺服阀是液压伺服系统中最重要、最基本的组成部分,它起着信号转换、功率放大和负反馈的作用。典型的液压伺服阀包括机液伺服阀和电液伺服阀。此外,随着计算机技术在控制领域的不断发展,液压数字阀和数字控制机构越来越受到重视,发展速度很快。

图 6-2 所示的液压仿形刀架采用的是滑阀式机液伺服阀的液压伺服系统;图 6-4 所示为采用滑阀式电液伺服阀的液压伺服系统;图 6-7 所示为喷嘴挡板式液压伺服阀;图 6-8 所示为射流管式电液伺服阀。这四种液压伺服阀应用最多,占有相当大的比例。

阅读视频:液压伺服阀

该视频分为三个部分:

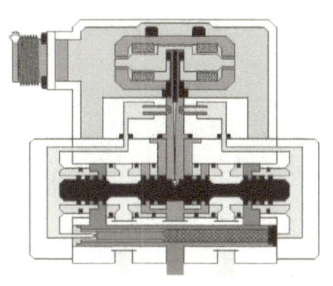

图 6-7　喷嘴挡板式液压伺服阀

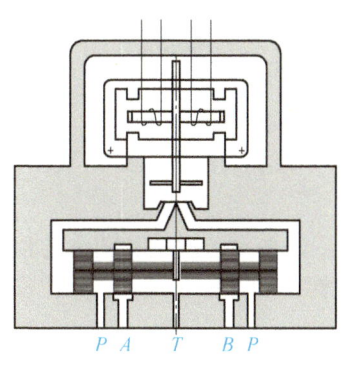

图 6-8　射流管式电液伺服阀

1) 介绍了液压伺服阀的作用、阀口形式和控制边数与液压伺服控制过程的稳定性、灵敏度和控制精度之间的关系。

2) 介绍了机动式、喷嘴挡板式和射流管式液压伺服阀,又指出机动式伺服阀多用于仿形加工,喷嘴挡板式伺服阀多用于电液伺服位置控制。

3) 视频最后详细介绍了喷嘴挡板式电液伺服阀的工作原理。此类伺服阀在生产过程中应用最为广泛。机动式液压伺服阀的工作原理可观看教学视频1:液压仿形刀架。

 教学视频:液压伺服系统的工作原理

教学视频1:液压仿形刀架

液压仿形刀架采用机动式液压伺服阀控制。仿形首先要有一个靠模,这是十分重要的。靠模制作得好坏,直接影响仿形加工的工件轮廓形状和精度。

本视频以液压仿形车床作为实例,对仿形车床的加工过程做这样的描述:车床主轴夹持工件做匀速转动,车床溜板做匀速向左工作进给,仿形刀架由机液伺服阀控制,伺服阀的阀杆经杠杆触销与靠模紧密接触,依靠模形状轮廓的变化而改变伺服阀杆的位置,打开相应的阀口,液压油进入伺服缸,产生跟随动作,直到阀口关闭,仿形刀架才停止动作。

教学视频2:液压机械手

在自动化加工生产线上,工件和物料的装卸搬运工作多由机械手来完成,包括生产线的上料和下料、工序间的工件装卸和移动以及工序转换,都离不开机械手。机械手的形式和类型有很多,本视频中仅介绍了以下几种。

1)机壳拉深加工生产线用机械手。
2)多工位冲压加工机械手。
3)双臂机械手。
4)码垛机械手。

本视频对现场常用的码垛机械手和机械手(伸缩部分)动作进行了动画演示。对码垛机械手的演示采取与现场实际工作情况相同的方式进行;而对机械手(伸缩部分)动作的动画演示,则采取了步进停顿的方式进行,即每出现一个动作,做了必要的停顿,便于观察每一个动作的细节。这样做的原因在于此部分内容是本项目教学中重点强调要熟悉和掌握的基础理论知识,视频中采用慢速播放、中速播放和快速播放进行演示,其目的就是为讲述此部分内容提供帮助。

 **应用视频:液压伺服系统应用**

液压伺服系统的应用范围很广,几乎覆盖各行业领域。本项目选取的应用视频内容只是一些较为典型的液压伺服系统应用实例,重点介绍了两类加工中的液压伺服系统,即仿形加工和电液伺服控制。

1)仿形加工。介绍仿形切割机、回转式多件多刀仿形铣和曲面仿形铣。
2)电液伺服控制。介绍板材折弯机、弯管机和900t巨型运梁车(64车轮)的车轮电液伺服转向系统。

通过以上实例,加深对液压伺服系统是一个位置跟随系统、功率放大系统、负反馈系统和有误差系统的认识。

在具体的项目教学过程中,实际液压伺服系统可选项目很多,可参考本项目教学指导的思路,结合本专业的实际情况灵活运用。

项目考核

一、思考题

1. 液压伺服系统与液压传动系统有何本质区别?
2. 采用哪种液压伺服系统时需要有靠模?

二、填空题

1. 液压伺服系统是_____系统、_____系统、_____系统和_____系统。
2. 液压伺服阀主要有_____伺服阀和_____伺服阀两种类型。

三、操作题

找到一台具有转向液压助力器的轿车(或货车均可),在驾驶人的指导和操作下,完成两个动作:

1)车辆为未起动状态,转动方向盘,感觉受力情况。
2)使车怠速,再转动方向盘,感觉受力情况。

两者受力情况一样吗?为什么?

项目 7

液压站安装与调试实训

液压站安装与调试实训是本课程教学中的重要组成部分。通过本实训，运用所学知识，突出技能训练，有利于提高动手能力，实现本课程的教学目标。

7.1 实训准备

7.1.1 实训安排

液压站安装与调试实训主要内容包括油管总成与底板制作、液压站安装和液压站调试三个实训任务，具体安排见表 7-1。

表 7-1 液压站安装与调试实训安排

任务	实训内容	分组情况	具体要求	备注
油管总成与底板制作	制作液压站上所有的进油管和回油管；制作板式液压阀的安装底板	全班分为三个实训小组	采用手动弯管机和压扣机进行铜管总成和尼龙管总成制作；车削或用锥管螺纹板牙加工液压泵吸油管管螺纹	压力管材为铜管，回油管材为尼龙管，液压泵吸油管采用焊接钢管。底板采用灰铸铁
液压站安装	液压泵组件安装，液压元件安装，管路安装	分组同上	保证液压泵组件的安装精度；保证油管连接与液压件接合面无泄漏；安装牢固	油箱、电动机及各种液压元件（包括辅件）均为标准件
液压站调试	压力测试、流量测试和液压缸换向及往复运动测试	分组同上	达到规定的压力值；容积效率达到规定要求；液压缸换向平稳，无冲击	进行液压站调试前，用软管连接测试用双杆液压缸或液压马达，供调试使用
总结评价	对压力和流量的认识；对液压元件及辅件的认识；对液压站的认识	分组同上	通过实训，进一步认清液压传动的两个重要参数，熟悉和掌握液压站安装与调试的操作技能	结合实训具体内容进行总结评价

7.1.2 实训用液压系统图

图 7-1 为实训用液压系统图。尽管该系统中的液压元件较少，但基本涵盖了各类液压元件和辅件，特别是在学时较少的情况下，有助于顺利完成实训。

因液压站的调试需要，在液压站安装完成进行调试前，需安装液压缸或液压马达，并采用软管进行连接。图 7-1a 为采用液压缸的液压系统图；图 7-2b 为采用液压马达的液压系统图。可任选一种或两种作为实训的题目。

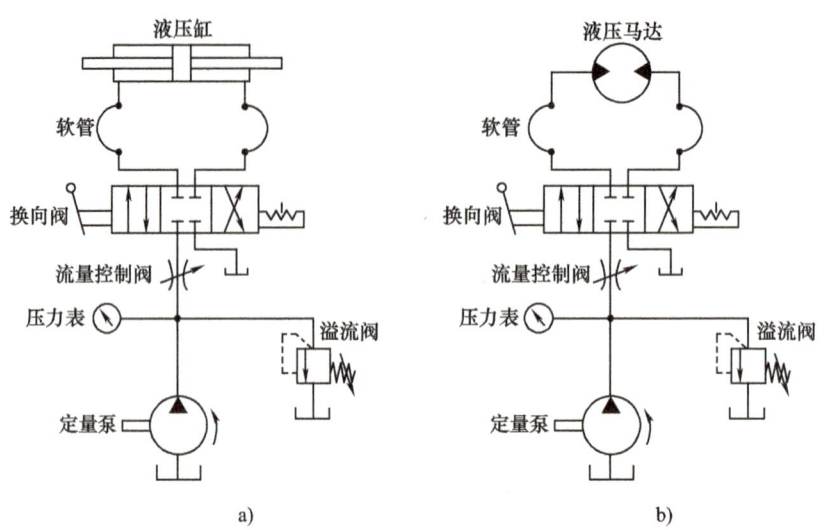

图 7-1　实训用液压系统图

a）采用液压缸的液压系统图　b）采用液压马达的液压系统图

7.1.3　液压站安装图

图 7-2 为液压站安装图（未画控制面板部分），图中详细表明了液压泵机组、吸油管、吸油过滤器、压油管、回油管、空气过滤器、压力表和管接头等在油箱上的安装情况。为清晰起见，图中仅标明了控制面板的位置，而安装在控制面板上的液压控制元件和管路未画出，这部分结构和安装情况如图 7-3 所示。

7.1.4　实训器具与制件

在实训过程中，需要使用手动弯管机、铜管扩口器、台钻、钻头、丝锥、板牙等工具，如图 7-4 所示。

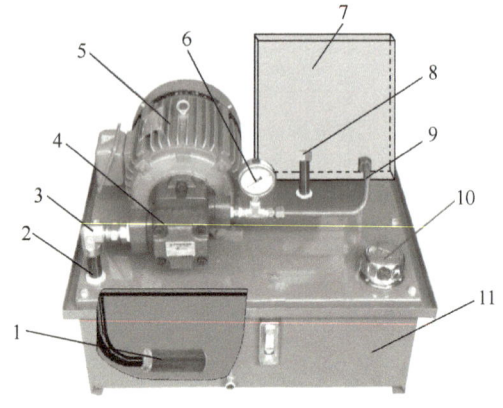

图 7-2　液压站安装图（未画控制面板部分）

1—吸油过滤器　2—吸油管　3—管接头　4—液压泵
5—液压泵电动机　6—压力表　7—（控制面板位置）
8—回油管　9—压油管　10—空气过滤器　11—油箱

实训中要制作的液压阀底板如图 7-5~图 7-7 所示。

液压阀底板上有三种孔：一是油孔，位置与液压阀上的油孔相对，与阀接合面处的孔为圆柱孔，另一侧为锥管螺纹孔，用来连接管接头；二是螺纹孔，用来把液压阀紧固在底板上；三是沉头螺钉圆柱孔，用来将底板紧固在控制面板上。图 7-8 所示为底板孔系示意图。

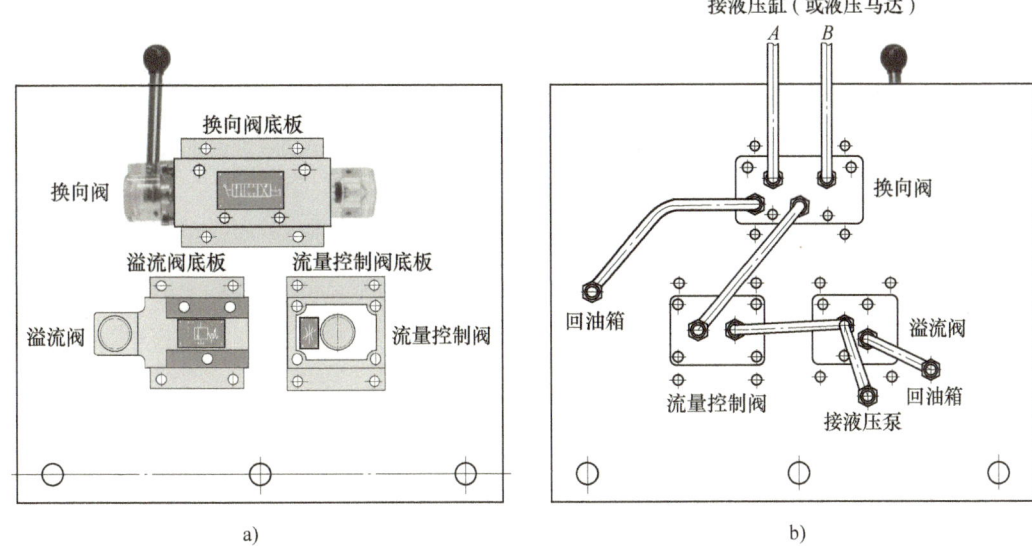

图 7-3 控制面板总成
a) 控制面板正面，接液压元件 b) 控制面板反面，接油管

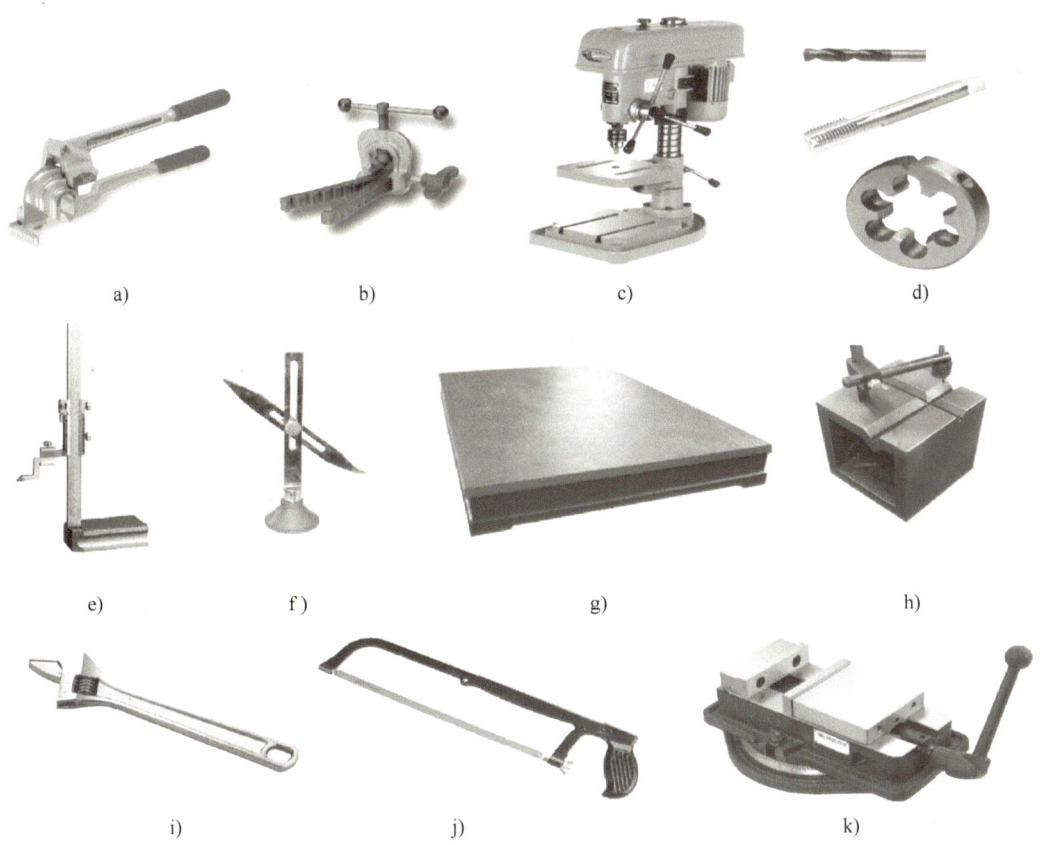

图 7-4 实训器具
a) 手动弯管机 b) 铜管扩口器 c) 台钻 d) 钻头、丝锥、板牙 e) 游标高度卡尺
f) 划针盘 g) 划线平台 h) 划线方箱 i) 活扳手 j) 铜锯 k) 机用虎钳

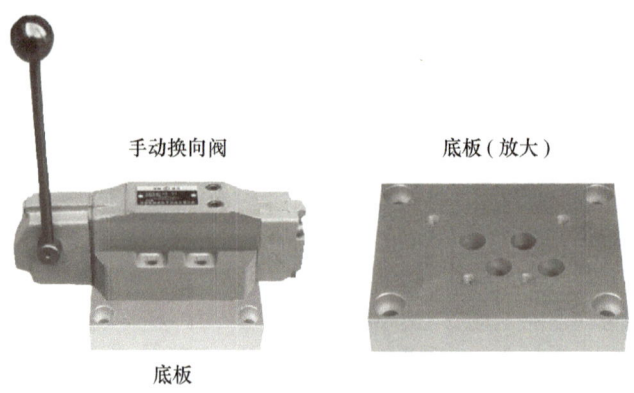

图 7-5 手动换向阀及底板

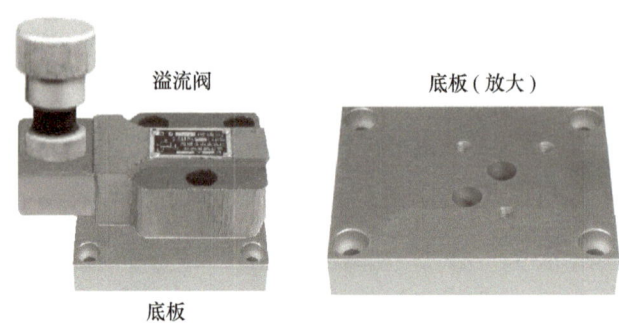

图 7-6 溢流阀及底板

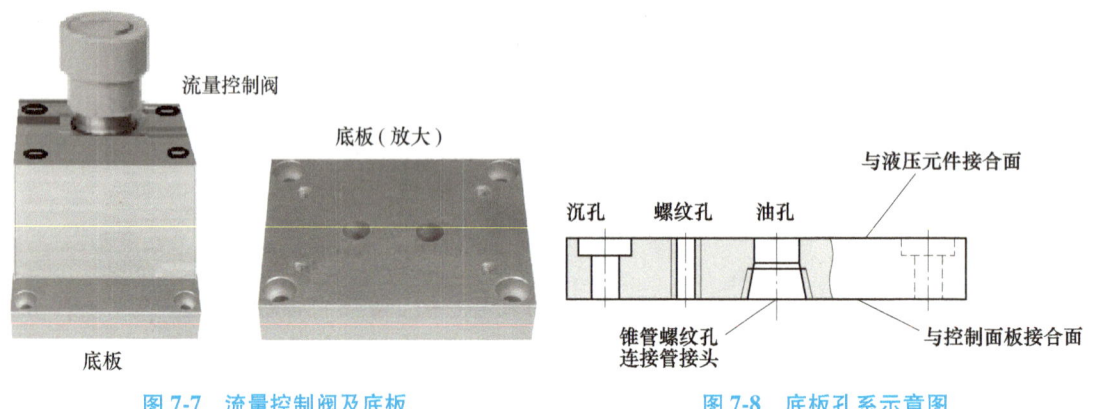

图 7-7 流量控制阀及底板　　图 7-8 底板孔系示意图

7.2　制作油管总成和底板

7.2.1　制作油管总成

油管总成制作内容包括切割、弯管、螺纹加工（或扩口加工）和装配油管总成。

1. 切割

油管切割原则上采用机械方法进行，如切割机、锯床或专用机床等。无条件时，可以用手工锯削。切割后的油管端面与轴线应保持垂直，并将锐角倒钝，清洗干净。

2. 弯管

弯管加工在手动弯管器上进行。使用弯管器在冷状态下进行弯管，可避免产生氧化皮，影响弯管的质量。油管的弯曲半径不宜过小，推荐数值见表 7-2。图 7-9 所示为手工弯管的操作方法。

表 7-2　弯管最小弯曲半径推荐值

图 形	弯管方法	管材	管直径 D/mm	最小弯曲半径 R/mm
	冷弯	钢管		≥6D
		铜管	≤15	≥2D
			15～22	≥2.5D
			>22	≥3D
	热弯	钢管		≥3D

3. 螺纹加工

吸油管管材为钢管，在其两端加工螺纹。可在车床上切削加工出螺纹，也可使用板牙套螺纹。图 7-10 所示为用板牙对吸油管套螺纹。

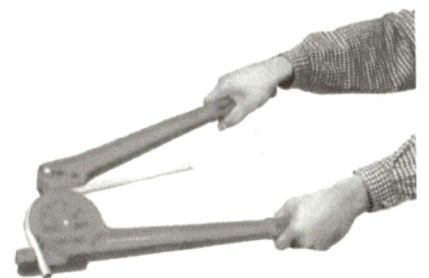

图 7-9　手工弯管的操作方法

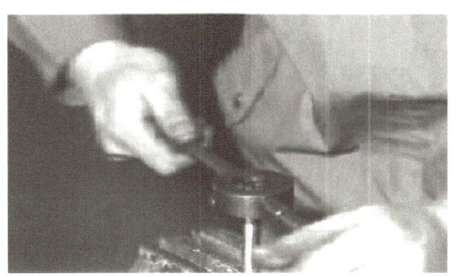

图 7-10　套螺纹

4. 扩口加工

对于铜管和尼龙管，因采用扩口管接头进行连接，因此要对管口进行扩口加工。管扩口方法在项目 4 中已经进行了详细介绍，供制作时参考。扩口时，先将退火的铜管套上连接螺母和管套，然后将铜管放入扩口器夹管钳相应的孔径内，铜管露出夹管钳的高度为直径的 1/5，拧紧夹管钳两端的螺母，将扩口顶压器的锥形头压在管口上，顺时针方向缓慢旋转螺杆，将管口挤压成喇叭口。需要注意的是，尼龙管扩口时，须加热软化后，即刻进行扩口，然后冷却定形。图 7-11 所示为对铜管进行扩口。

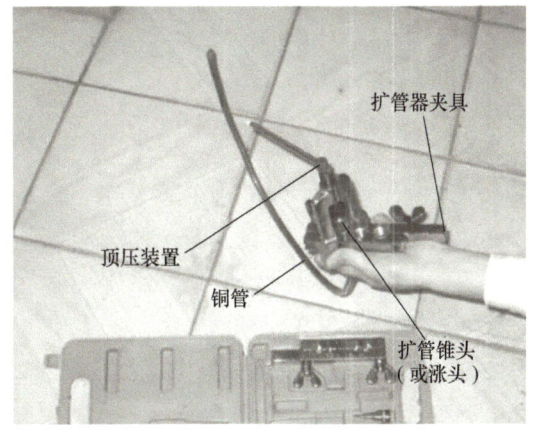

图 7-11　铜管扩口

5. 装配油管总成

油管总成属于组件装配，即将与油管连接的管接头或元件装配成组件，如铜管、尼龙管与管接头总成；吸油管与吸油过滤器总成等。总成装配完成后要进行必要的清洗,并对照液压系统图对油管组件进行编号,为总装做准备。

7.2.2 制作底板

底板的材料为灰铸铁。制作前,底板的各平面按零件图已经加工完毕。实训中的底板制作实际上就是在底板上进行孔系加工,包括划线、钻孔、攻螺纹、清洗和安装液压件和辅件(管接头等)。

1. 划线

底板的划线在划线平台上进行。划线的目的是确定所有要加工的孔中心的正确位置。对底板进行划线前,要在底板上的划线部位用粉笔涂上一层薄而均匀的白色粉末,使划出的线条清晰可见。划针的工具可以是划针盘,也可以是镶有硬质合金量爪的游标高度卡尺。划线结束后,在各孔相交的中心线交点处,用样冲打样冲眼,防止钻孔时中心滑移。操作时,打样冲眼的位置要准确,中心不能偏离。样冲眼最好打得大些,以便钻孔时钻头容易对准圆心。图 7-12 所示为底板划线的操作,图 7-13 所示为打样冲眼。

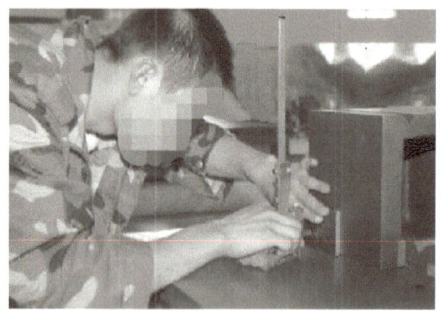

图 7-12 底板划线

2. 钻孔

底板钻孔在台钻上进行。底板用机用虎钳固定。钻削加工时,严禁戴手套和围巾。图 7-14 所示为底板钻孔的操作。

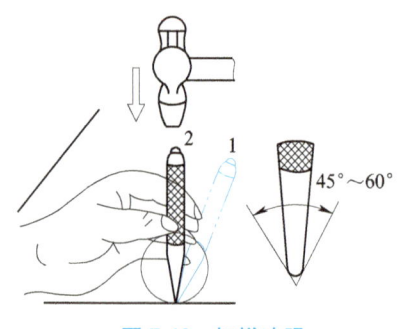

图 7-13 打样冲眼
1—对准　2—打样冲眼

图 7-14 底板钻孔

3. 攻螺纹

采用丝锥以手工方式攻螺纹。丝锥分头锥和二锥。攻螺纹时,先用头锥再用二锥,切不可颠倒使用。图 7-15 所示为攻螺纹操作。

4. 清洗

清洗对液压系统来说是至关重要的。铸铁清洗剂是针对铸铁件而研制的清洗剂，采用多种优质原料制成，是铸铁和镀锌加工件通用的微乳型防锈清洗剂，由表面活性剂、辅助表面活性剂、防锈剂、矿物油、辅助添加剂和水等组成，使用中成功实现了铸铁和镀锌件两种工件清洗和防锈工序的合并。该清洗剂完全能满足底板的防锈和清洗性能要求。图 7-16 所示为底板的清洗操作。

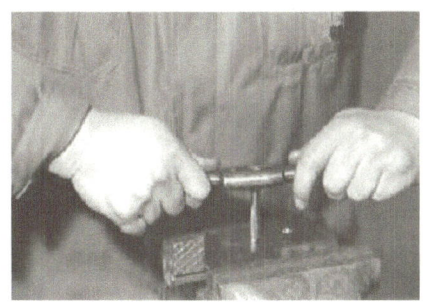

图 7-15　攻螺纹

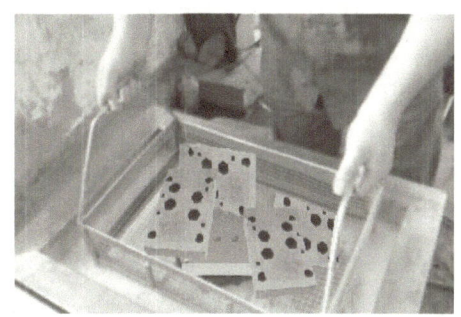

图 7-16　底板清洗

5. 安装液压控制元件

将换向阀、溢流阀和流量控制阀用螺钉紧固在相应的底板上，并检查油口安装是否正确。全部安装好后，用包装纸将组件包好，防止污染。

7.3　安装液压站

液压站安装的工作内容有液压泵机组的安装、液压控制元件的安装、液压管路管接头的安装以及供调试用的液压缸或液压马达的安装。

7.3.1　安装液压站前的准备

在安装液压站之前，首先应了解液压站各组件的安装要求，明确安装现场的施工程序和施工方案。其次，要熟悉液压站外形图、对应的液压系统图、液压站各组件的安装图和有关液压元件和辅助元件以及有关产品样本和安装调试技术文件等，落实安装所需人员并按液压元件和辅助元件清单，准备好有关物料和安装器具。

对液压元辅件的规格和质量，按有关规定进行细致检查，检查出的不合格的元件和物料，不得装入液压站。具体要求如下。

1. 液压元件的外观检查

对新领取的液压元件进行外观质量检查，包括以下内容。

1）液压元件的型号规格是否与元件清单上所给的型号规格相一致。

2）液压元件的保管期限是否过长，防止其内部密封件老化。

3）各元件上的调节螺钉、手柄及其他配件是否完好无损。

4）元件及安装底板之间的安装面是否平整，其沟槽和孔边不得有飞边、毛刺、棱角，元件不得有磕碰凹痕，油口内部要清洁，保证连接密封良好。

5）油箱内不得有锈蚀；空气过滤器、液位计等油箱附件齐全，安装前要清洗干净。

2. 液压元件的拆装和测试

液压元件属于精密元件，一般不允许随意拆装，只有在发现异常现象时才能拆开清洗检查。它的拆、洗和装配虽然与一般机械大体相同，但液压件的拆装与清洗有其本身的特点，因此要注意以下事项。

1）拆装液压元件应在符合国家标准的净化室在进行或在独立封闭的工作室内进行，严禁露天或在仓库中分解和装配液压元件。拆装人员应穿纤维不易脱落的工作服、工作帽，以防止纤维、灰尘、头皮屑和头发落入液压元件内部，造成人为污染。

2）液压元件拆开时，要对各零件拆卸的顺序进行详细记录，便于拆洗结束时能正确、顺利安装，并参照图样进行核对。

3）清洗时，一般先用洁净的煤油清洗，再用同牌号液压油液清洗。对不符合要求的零件和密封件，必须及时更换。清洗后的元件不能随意乱放，而应该将其放入带盖的容器中，并注入同牌号的液压油液，进行浸泡保存。

4）组装时，要特别注意，不使各零件被再次污染和异物落入元件内部，不允许用棉、麻、绒、丝等织品擦拭零件。可用清洁干燥的压缩空气吹干零件之后进行组装。组装完的组件暂时不进行总装时，应将元件的进、出油口用塑料塞子堵住，并用胶布或胶带封住，以防脏物进入。

5）油箱、底板的通油孔道也必须严格清洗并妥善保管。

拆洗后的液压元件，要进行技术指标的测试，以保证元件工作可靠。测试时，要选用与元件正常工作时相同牌号的清洁液压油液，先进行低频、空载、低压、小流量磨合测试，然后进行正式测试。测试要严格按照出厂标准、专业标准和国家标准规定的方法、设备、项目进行。一些主要液压元件的测试推荐项目可参考表 7-3。

表 7-3　液压元件拆洗后的测试项目（推荐）

元件名称		测试项目	测试器具
液压泵或液压马达		额定压力和流量、容积效率、额定转速、压力振摆和噪声	专用测试设备
液压缸		最低起动压力、缓冲效果、泄漏、爬行和颤振	压力表
液压控制阀	压力控制阀	调压状况、启闭压力、泄漏、调压偏差和压力振摆	压力表
	流量控制阀	调节状况、外泄漏	流量计
	方向控制阀	换向状况、压力损失、泄漏、换向时间	压力表、秒表
液压辅助元件		额定压力和流量、压力损失、泄漏	压力表、流量计

3. 管件的检查

管件包括油管和管接头。管件的检查包括以下内容。

1）油管的材料、通径、壁厚和管接头的型号规格及加工质量是否符合要求和规定。

2）所用油管若有腐蚀、变色、裂痕、凹凸等异常情况，不许使用。

3）使用弯管时，弯曲部位表面褶皱严重，不许使用。

4）管接头体有裂痕、毛刺或螺纹断扣等情况时，不许使用。

5）管接头体与螺母配合不得松动或卡涩。

7.3.2 安装液压泵组件

本实训为安装卧式液压泵，如图 7-17 所示，采用的液压泵组件为液压泵+电动机一体化组件。这种组件结构紧凑，减少了组件安装工作量，是目前应用较为广泛的新产品。安装时，只需将电动机底座与油箱顶盖上的电动机支座之间用螺钉紧固即可。

7.3.3 安装液压控制元件

液压控制元件为板式液压控制阀。安装组件时，已经将各控制阀与相应的底板安装完毕，接下来还有两项安装任务：一是将阀组件安装到控制面板正面上，如图 7-18 所示；二是将控制面板用三角铁、螺钉安装在油箱顶盖上的指定位置，如图 7-19 所示。

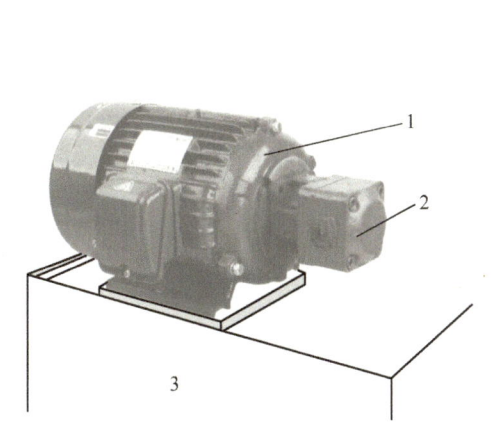

图 7-17　液压泵组件安装图
1—电动机　2—定量叶片泵　3—油箱

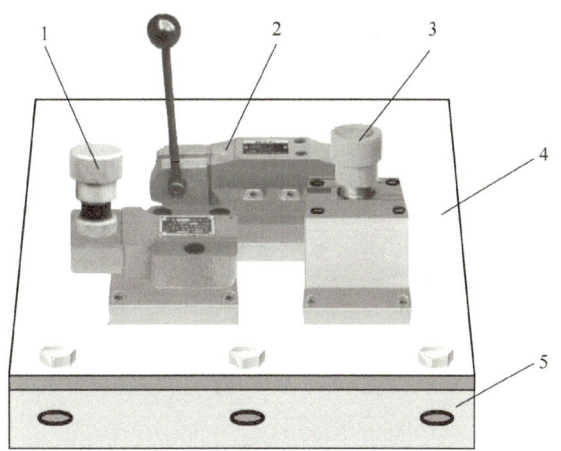

图 7-18　液压元件组件在控制面板上的安装图
1—溢流阀　2—换向阀　3—流量控制阀
4—控制面板　5—三角铁

7.3.4 安装管路

在所连接的液压元件安装结束后进行管路的安装。安装管路的基本规则见表 7-4。安装管路前，应认真熟悉管路安装图样，明确各管路的排列顺序、间距与走向，再现场对照安装图，确定液压阀件、管接头及支架的位置，并划线、定位。当管件较长时，中间处要用管夹固定。

表 7-4　安装管路的基本规则

项　　目	说　　明
美观性原则	管路应横平竖直，排列整齐，疏密适当
最短距离原则	主要考虑管路用料量及管路能量损耗综合为最小
直角化原则	理论上，为了连接的需要，管道弯曲可以是任意角度，但由于施工条件的限制，在大多数情况下，金属管宜采用直角弯管
规避原则	要考虑避免运动干涉和装配干涉，并考虑避免与先前布置好的管路干涉
贴近原则	由于液压站中的管路是在给定系统后布置的，因此为了既有利于固定也可节省管路用料，管路应贴近油箱表面
工艺原则	管路动态特性、管路压力损失和管道加工性对管路布置影响较大，对管长、管径、弯角有所限制

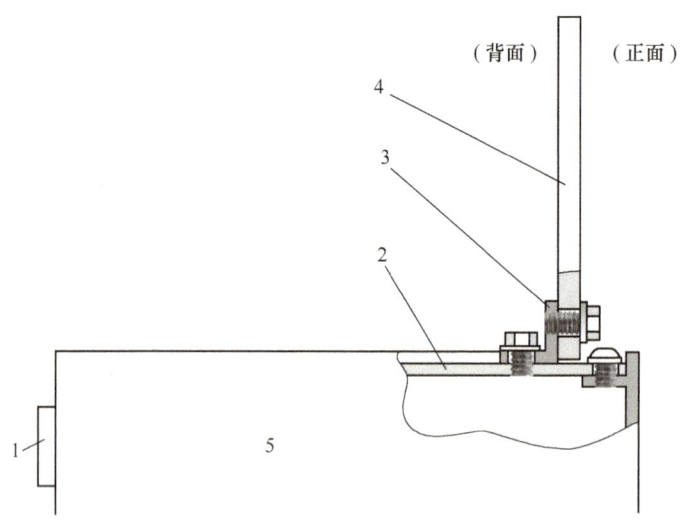

图 7-19 控制面板在油箱顶盖上的安装位置示意图
1—液位计 2—油箱顶盖 3—三角铁 4—控制面板 5—油箱侧板

在管路安装中还要注意不同类型的管路的具体安装要求。

1）压油管的安装。为防止压油管振动，应将管路安装在牢固的地方，并加阻尼消振。

2）吸油管的安装。吸油管应尽量短，弯曲少，连接要紧密，不得漏气。

3）回油管的安装。回油管应伸到油箱液面以下，防止油液飞溅而混入空气，且要远离油箱中液压泵的吸油管口。

4）全部管路应进行二次安装。第一次为试安装，将管接头固定在适当位置上。当整个管路确定后，拆下来进行酸洗、干燥、涂油和试压，再进行第二次安装。

对管路进行酸洗处理的目的是通过化学作用将金属管内壁的氧化物及杂质去除，使金属表面光滑，保证管路内壁的清洁。酸洗的溶液有胶脂液、酸洗液、中和液和钝化液等，其工艺流程为：胶脂液洗→水冲洗→酸洗→水冲洗→中和→钝化→水冲洗→干燥→喷涂防锈油（剂）→封口。

酸洗合格后，可再对管路进行循环冲洗。循环冲洗要在管路酸洗和二次安装完毕后的较短时间内进行，其目的是清除管内在酸洗、安装过程中以及液压元件制造过程中遗落的机械杂质或其他微粒，达到液压系统正常运行时所需要的清洁度指标。循环冲洗一般选用黏度较小的机械油。如果是管路处理较好的一般液压站，也可直接用工作油液循环冲洗。

7.4 液压站的调试

液压站安装结束后，要进行液压站的调试。只有调试合格后，才可出厂使用。

7.4.1 液压站调试前的准备

1. 补接测试管路和液压元件

前面已述，液压站是不包括液压执行元件的装置。因此，要对液压站进行调试，就需要补接液压执行元件。液压执行元件与液压站之间用软管连接。

2. 其他准备

1）按液压系统工作要求，领取规定牌号的液压油或液压液。

2）取下空气过滤器，从空气过滤器口向油箱中注油，并检查油箱中的油液及液面高度是否符合要求。

3）连接液压泵电动机线路，保证电路、熔断器、开关工作正常。特别要注意，由于液压泵只允许单向转动，切不可将线路接反。

4）按给定的液压系统图检查管路连接是否正确，液压泵的入口和出口是否与泵上标明的方向相符。

7.4.2 液压站的调试项目

液压站的调试包括性能调试、功能调试和现场调试。

1. 液压站的性能调试

液压站的性能调试内容包括清洁度、耐压性和密封性等项目。表7-5为液压站性能调试的项目。

表7-5 液压站性能调试项目

调试项目	注 意 事 项
噪声	在额定工况下运行时，噪声在规定等级以下
泄漏	进行调试期间，在额定压力下，不得有可测出的外泄漏
耐压	在1.5倍的额定压力下保压10min，检查各部受压情况
温度	进行调试期间，在油箱中最靠近泵吸油口处测量并记录油液温度和环境温度
功耗	至少在一个完整的循环中测量平均功率消耗
温度控制	采用主动温度控制时，应在油箱中最靠近泵吸油口处测量并记录超出冷却介质温度的液压油液温升
污染分析	在调试期间应定期提取液压油液样品进行颗粒污染分析，应符合规定的清洁度等级

2. 液压站的功能调试

液压站的功能调试一般应按先液压泵、后回路的功能调试顺序进行，各种调试项目均应由部分到整体、逐项进行，调试应遵守相应的规程并做好详细的记录。

（1）液压泵功能调试

1）先空运转10~20min，再逐步升级至溢流阀调定值，保压连续运行2h。

2）保压运行时，要求液压泵的壳体温度不超过70℃，各接合面应无泄漏及异常振动、噪声和发热。

3）对调试的内容进行评价，找出问题，及时采取措施解决问题，直到满足要求。

（2）液压回路功能调试 通过操作各个液压控制阀，检查各个液压回路的功能，各液压阀在要求的设定范围内重复试验3次。如果出现一次失误，则应在排除故障后再重复试验6次。

1）压力调试。回路的压力调试应从溢流阀开始，先达到溢流阀的规定值，然后在各个回路进行调试，并观察压力表的变化情况。

2）速度调试。执行元件的速度调试主要由节流阀完成。改变节流阀的阀口开度大小，观察执行元件的速度变化及稳定情况。

3) 换向调试。用手动换向阀频繁对油路进行换向操作，观察执行元件的往复运动情况。

3. 液压站的现场调试

如果条件允许，可将液压站与具有相应的液压系统的设备相连，在现场对液压站进行调试。

7.5 项目教学指导

本项目内容紧紧围绕液压站安装与调试的实训活动展开，布置了3个实训任务，其目的是使学生通过在实训车间（或企业现场）对一个液压站进行安装与调试，运用所学知识，突出技能训练，提高动手能力。

为确保液压站安装与调试实训有序进行，提出以下几点建议。

1. 实训题目的确定

本项目所述的液压站安装与调试实训的题目是开放的，即只给出题目的基本要求、总体安排、完成任务的顺序和步骤，各校可根据自身条件及设备情况加以确定。建议确定的液压站使用的液压元件不要过多，以减少重复，能达到基本目标即可。另外，考虑液压传动具有一定的安全性问题，实训应尽可能选用低压液压站。

2. 实训任务的确定

总体上讲，实训可大体分为三大任务：一是要求学生动手制作油管总成和液压阀底板，这在液压站制造过程中是必不可少的，通过动手操作，了解液压管件、底板的制作方法，有利于提高制作液压零配件的能力；二是液压站的安装，安装实训对学生将来从事液压设备的操作、维修和维护工作极为有益，有利于提高组装液压系统的装配能力；三是液压站的调试，如果说安装完液压站，我们可以看到一个静态的液压站的话，那么通过调试就可以看到一个可以正常工作的液压系统，特别是通过调试，对出现的各种问题加以解决，有利于提高调试能力。这三个能力是学生将来工作必须具备的能力，也是本课程教学的目标。

3. 实训时间的确定

目前看，因课程教学的学时数有限，因此在完成教学基本要求的前提下尽量减少实训的课时具有重要意义。解决的办法：一是指导老师事先要对实训题目、任务实施方案、器具准备和管件、底板（除钻孔外，其他部分都要事先加工好）的准备，都要事先做好安排。此外，也可将任务再进一步细化，可让每个小组完成一个任务，减少任务量，最后通过总结交流，也可达到良好效果。

4. 实训场地的确定

实训应该在实训装配车间进行，所进行的操作也是钳工操作。本项目的讲授内容也应结合实训活动在现场进行。实训条件不具备的学校，也可以组织学生到生产液压传动设备的企业进行参观或实习，也可以获得较好的学习效果。

5. 重点强调的内容

液压油液的污染是一个大难题，在实训中，但凡初装的液压站或液压系统，都必须真正过好这一关。由于液压设备在工作中，因油液污染造成故障的比例高达70%以上，因此在实训中要对此给予足够的重视,切实把好这一关。

项目考核

1. 以液压站安装与调试为题目进行实训的意义是什么?
2. 本实训包括哪些任务?每项任务的实训目标是什么?
3. 在进行弯管总成操作时,出现了哪些问题?应如何解决?提出自己的建议。
4. 安装管路时,有哪些注意事项?
5. 为防止污染,在液压站安装过程中,都采取了哪些措施?
6. 液压站调试程序包括哪些内容?
7. 实训自我评价(表 7-6),每项满分均为 20 分,总分为 100 分。

表 7-6 液压站安装与调试实训自我评价

序号	内容	完成的任务及体会	标准工时	实际工时	自评/分数
1	油管总成				
2	底板制作				
3	元件安装				
4	油路连接				
5	调试				

项目 8

液压系统的现代化改装

液压系统的现代化改装是采用新技术、新元件对旧液压系统所进行的技术改造。液压系统的现代化改装综合应用现代最新科技成果、先进经验和企业生产实际需要，通过改变旧液压系统的结构或增加新的元件、装置等，改善和提高液压系统的技术性能与使用指标。

8.1 液压系统现代化改装的概念

8.1.1 液压系统的磨损

在企业中运行的液压设备或生产线中所使用的液压系统，经过一段时间工作后，就会出现磨损，称为系统磨损。系统磨损有两种形式：有形磨损和无形磨损。

1. 液压系统的有形磨损

液压系统工作一段时间后，元件和管道由于液体在其内部流动产生摩擦、振动、疲劳和污染等现象，致使系统中的元件失灵和丧失功能、管道氧化和零件磨损等，都属于系统的有形磨损。造成液压系统有形磨损的原因有两种。

1) 第一种有形磨损。液压系统在使用过程中，液压力的作用使零部件产生实体磨损，导致零部件的尺寸、形状和精度发生改变或发生物理化学变化，直至损坏，称为第一种有形磨损。

2) 第二种有形磨损。液压系统在闲置过程中，由于自然力的作用而生锈、腐蚀，丧失了系统的工作精度和使用价值，称为第二种有形磨损。

由于液压系统本身的工作介质——液压油液具有一定的润滑功能，所以第一种有形磨损远比其他传动设备要小。液压系统闲置时，特别是在生产作业环境较为恶劣的情况下，液压油液的污染现象相当严重。油液静止会产生油垢粘连等现象，使精密的液压元件动作失灵，甚至重新起动时系统无法工作。可见，液压系统的第二种有形磨损远比第一种有形磨损影响大，必须引起足够重视。

2. 液压系统的无形磨损

液压系统除了有形磨损外，还有无形磨损。无形磨损不是指引起液压系统实体变化的磨损，而恰恰体现了液压系统的本质变化，即液压系统及其设备在原始价值上的贬值。液压系统的无形磨损也分为两种情况。

1）第一种无形磨损。随着生产工艺的不断改进，劳动生产率的不断提高，使生产制造同类液压系统的生产成本也相应地下降，反映在市场流通领域，就表现为同类设备的价格不断下降，使原来的液压系统相应地不断贬值。

2）第二种无形磨损。由于科学技术的进步，出现性能更为完善、效率更高、性价比高的新型液压系统，相应地，原有的液压系统就显得陈旧、落后，而丧失部分或全部的使用价值。因此对这样的液压系统就要考虑有计划地进行技术改造或淘汰。

8.1.2 液压系统的补偿方式

液压系统磨损程度是衡量液压系统使用经济性的基础。有磨损就得有补偿。液压系统的补偿有三种方式：修理、现代化改装和更新，如图8-1所示。

1. 修理

修理是修复由于各种原因而造成的损坏和精度劣化，使液压系统性能得到恢复。修理包括小修、中修和大修。小修是指在日常出现偶发小故障时，及时进行检查、调整、修复或更换失效零部件；中修是对系统进行部件解体，更换主要液压元件或管路；大修是一种对系统整体进行恢复性定期计划修理的方法，包括更换液压元件、电气元件和液压油液等。

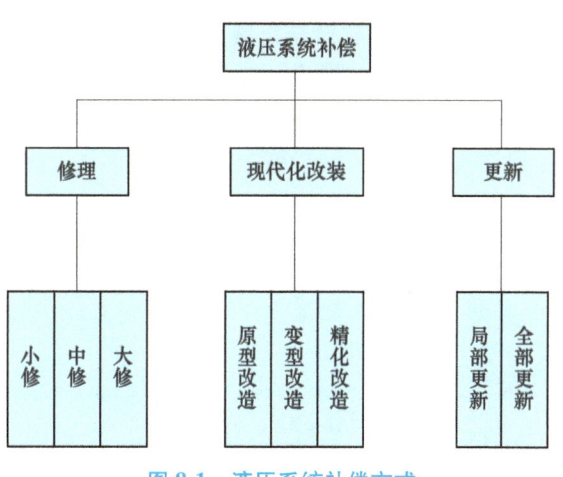

图8-1 液压系统补偿方式

2. 现代化改装

液压系统的现代化改装是近年来推广应用的一种提高液压系统性能的新技术。它采用原型改造、变形改造和精化改造的方式，使原有的旧系统的工作性能和工作效率得到较大的提高。

液压系统现代化改装的对象是服役时间较长、陈旧和生产率较低的液压系统，主要是针对液压系统的第二种无形磨损而采取的一种有高附加值的有效措施，是提高液压系统技术先进性的一种重要手段。它不仅可以使旧系统获得与新系统一样的技术性能，而且要比购买一台新设备的投资少。因此说，液压系统的现代化改装已经成为使旧系统提高工作效率，降低消耗，减少故障和企业走内涵扩大再生产的一种主要途径。

3. 更新

液压系统的更新是指淘汰旧系统，重新设计、安装或购买结构先进、技术完善、性能优越等具有全新功能的新液压系统。液压系统的更新也是必需的，只是更新费用较高。特别是在企业中，也不可能将所有设备全部更新，因此设备的更新必须充分考虑经济性。

8.1.3 液压系统现代化改装的意义

1. 是促进企业技术进步的主要方式

通过对液压系统的现代化改装，在技术上能克服现有液压系统的技术落后状态，扩大系统整体功能，提高系统工作效率。

2. 具有良好的技术经济性

改装是在原系统的基础上进行的,许多液压元件和辅件还可以继续使用,因此所需费用要比购置或设计安装一个新系统少。

3. 具有更强的针对性和适应性

通过对原系统的现代化改装,可以发现原有系统存在的问题,有针对性地进行技术改造。同时,按企业生产的具体要求,在某些情况下,其适应性甚至超过新的液压系统,使某些技术性能达到或超过新系统的水平。

4. 坚持走现代化改装之路是符合我国企业实际发展需要的重要措施

随着科学技术的进步,新系统、新技术不断涌现,旧系统的无形磨损加剧。但如果新系统一经出现,就淘汰旧系统,这需要大量的投资。这在哪个国家、哪个企业都是不容易实现的。根据我国目前的制造能力和更新发展速度来看,这从物质积累、技术力量和时间周期等各个方面都是不现实的。因此,液压系统的现代化改装与更新相比,更具有现实意义。

当然,液压系统的现代化改装并不是在任何情况下都能办得到的。当出现一种新的液压系统,且购置的费用比对旧系统进行改装的费用低时,就只能进行液压系统的更新了。

8.2 现代化改装中常用的新型液压元件

在液压系统现代化改装中,经常用新型液压元件取代旧系统中的液压元件。这些新型液压元件与普通液压控制阀相比,具有许多显著的优点,在对旧系统的现代化改装中扮演着重要角色。

8.2.1 比例阀

普通液压阀只能对液流的压力、流量进行定值控制,对液流的方向进行开关控制。而当工作机构的动作要求对其液压系统的压力、流量参数进行变值控制时,普通液压阀就显得无能为力。这时就需要用电液比例控制阀(简称比例阀)进行控制。大多数比例阀具有类似普通液压阀的结构特征。它与普通液压阀的主要区别在于,其阀芯的运动是采用比例电磁铁控制的,使输出的压力或流量与输入的电流成正比,所以可用改变输入电信号的方法对压力、流量进行连续控制。有的比例阀还兼有控制流量和方向的功能,这种阀在加工制造方面的要求接近于普通阀,但其性能却大为提高。比例阀的采用使液压系统得以简化,所用液压元件数大为减少,并可由计算机直接控制,自动化程度明显提高。下面介绍两种典型的比例阀。

1. 比例溢流阀

用比例电磁铁取代直动型溢流阀的手动调压装置,便成为直动型比例溢流阀,如图 8-2 所示。

直动型比例溢流阀不能单独使用,原因在于它只是一个先导阀,所代替的是普通先导式溢流阀中的先导阀。因此,在实际使用时,要将直动型比例溢流阀作为先导阀,再与普通溢流阀的主阀相结合,组成一个先导型比例溢流阀,才能真正作为一个完整的比例溢流阀使用,如图 8-3 所示。同理,若采用减压阀或顺序阀作为主阀,则相应地可组成先导型比例减压阀或先导型比例顺序阀。

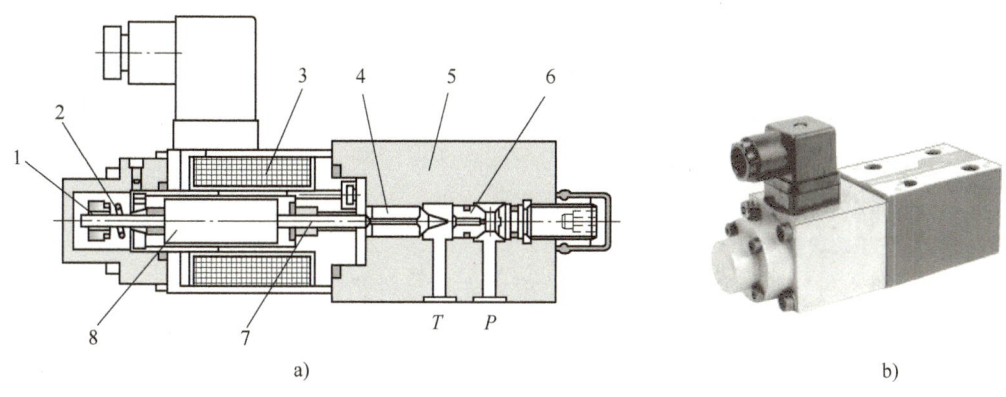

图 8-2 直动型比例溢流阀（用作先导阀）
a）原理图　b）外形图
1—螺母　2—弹簧　3—线圈　4—锥阀芯　5—阀体　6—阀座　7—顶杆　8—电枢

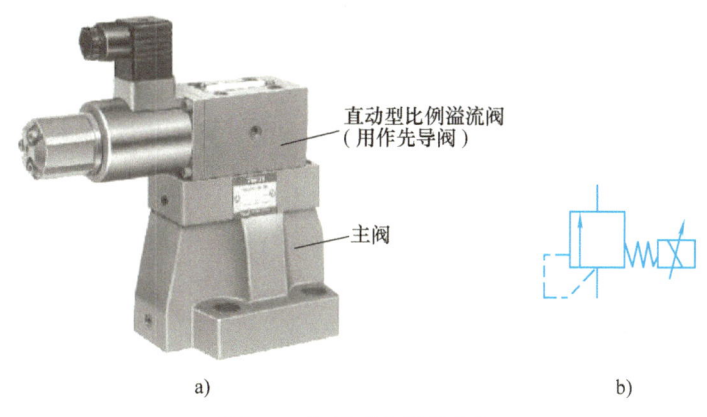

图 8-3 先导型比例溢流阀
a）外形图　b）图形符号

2. 比例流量方向阀

一般来说，在比例控制中常把比例流量控制与方向控制组合在一起，这样可使结构更为简单、紧凑，节省元件数量。换向控制主要是考虑阀口之间的连通与关闭，而流量控制则是控制阀口开度的大小。这样对液压执行元件进行控制时，不仅能改变其运动方向，而且还可以改变运动速度。图 8-4 所示为比例流量方向阀。

 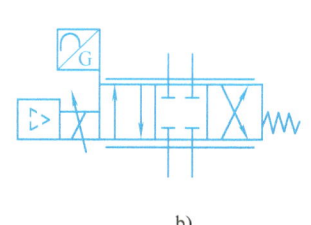

图 8-4 比例流量方向阀
a）外形图　b）图形符号

8.2.2 插装阀

插装阀又称为插装式锥阀或逻辑阀。它是一种结构简单、标准化、通用化程度高、通油能力大、液阻小、密封性能和动态性能好的新型液压控制阀,目前在液压机、注塑机、压铸机等高压大流量液压系统中应用广泛。

1. 插装阀的基本结构

插装阀主要由锥阀组件、阀体、控制盖板和先导元件组成,如图 8-5 所示。阀套 2、弹簧 3 和锥阀芯 4 组成锥阀组件,插装在阀体 5 的孔内。盖板 1 上设有控制油路与其先导元件连通(先导元件图中未画出)。锥阀组件上配置不同的盖板,就能实现各种不同的功能。阀体 5 是一个公共的阀体,其上可根据系统要求,插装若干个不同的插装阀,其大小和体积由所插装的插装阀数量决定。一般来说,这个插装阀的公共阀体,基本上能将一个液压系统所需的全部插装阀安装上。

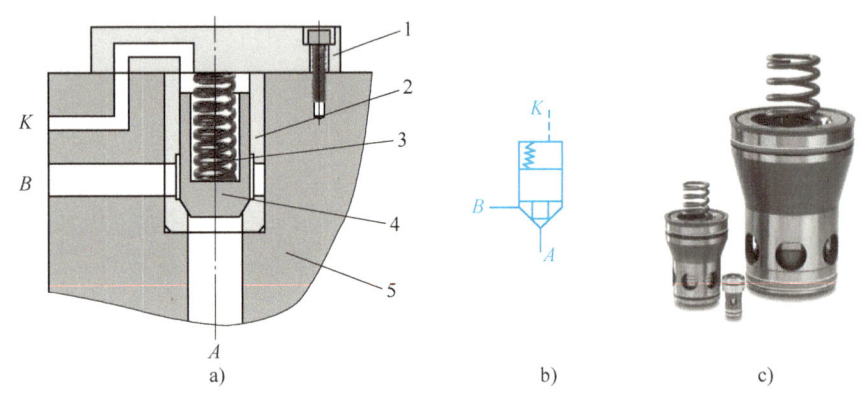

图 8-5 插装阀
a) 原理图 b) 图形符号 c) 结构图
1—盖板 2—阀套 3—弹簧 4—锥阀芯 5—阀体(公用)

从工作原理上讲,插装阀就是一个液控单向阀,弄清了液控单向阀的工作原理,也就掌握了插装阀的基本工作原理。两者所不同的是,液控单向阀是一个独立的元件,而插装阀是一个基本组件单元。多个插装阀及其先导阀可以组合出各种方向控制阀、压力控制阀和流量控制阀。也就是说,完全可以用插装阀组件与先导阀组合出系统所需的各种液压控制元件。

2. 插装方向控制阀

图 8-6 所示为插装单向阀,图 8-7 所示为插装液控单向阀,图 8-8 所示为插装换向阀。

3. 插装溢流阀

图 8-9 所示为插装溢流阀。

4. 插装流量阀

图 8-10 所示为插装流量阀。该阀内置了节流阀、压差减压阀和单向阀,可单向节流,且流量稳定。

项目8　液压系统的现代化改装

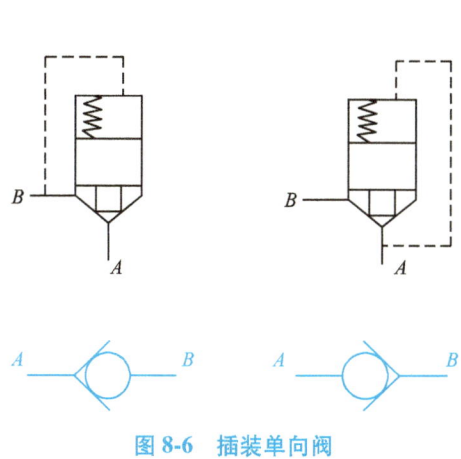

图 8-6　插装单向阀

图 8-7　插装液控单向阀

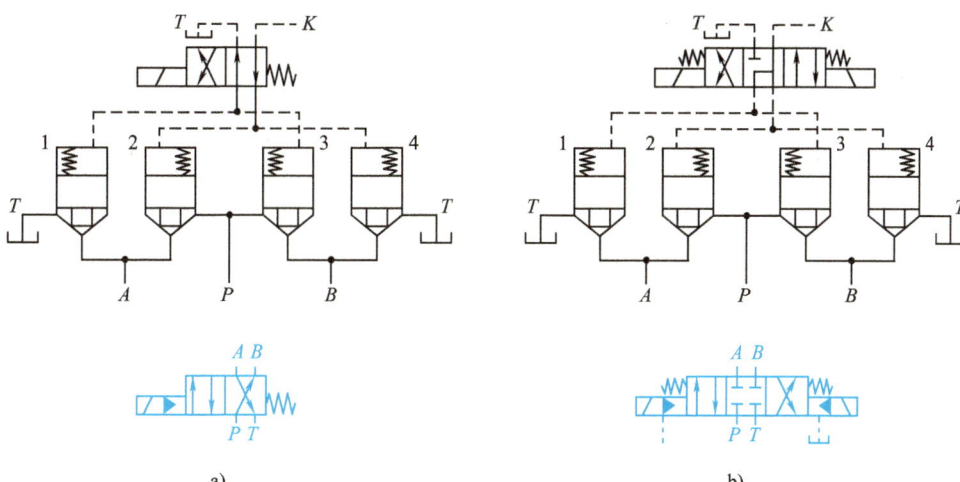

a)　　　　　　　　　　　　　b)

图 8-8　插装换向阀

a）二位四通插装换向阀　b）三位四通插装换向阀

1、2、3、4—插装单向阀

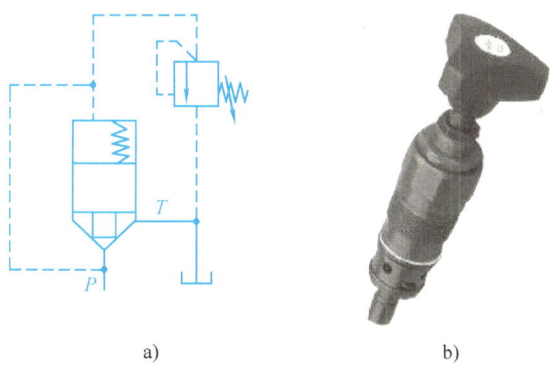

a)　　　　　　　　　　　　　b)

图 8-9　插装溢流阀

a）图形符号　b）外形图

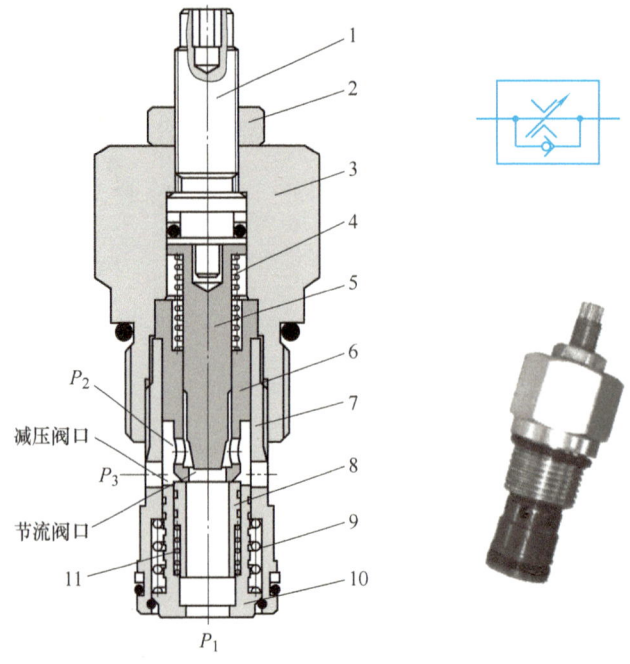

图 8-10　插装流量阀

1—螺杆　2—锁紧螺母　3—上阀体　4、9、11—弹簧　5—节流阀杆
6—固定阀套　7—下阀体　8—单向阀套　10—减压阀套

8.2.3　叠加阀

叠加阀与普通液压阀相比，其的特点是：在叠加阀之间无须使用油管连接即可达到系统安装的目的，因此减小了系统的泄漏、振动和噪声。叠加阀无须特殊安装，可非常方便地更换液压元件，增强了系统整体的通用性和可靠性，且便于日常检查与维修。

如图 8-11 所示，在每个叠加阀上都有 4 个（或 5 个）公共的通油口，包括压油口（P）、回油口（T 或 T_1、T_2）和油流方向可任意改变的油口（A、B）；周边还有 4 个可穿过用于紧固叠加阀组元件的拉杆螺栓通孔。图 8-11a 所示为 4 个公共通油口的情况；图 8-11b 所示为 5 个公共通油口的情况。凡是可叠加在一起的叠加阀，必须具有完全相同的公共通油口和规格。特别要强调的是，叠加阀上螺栓通孔的大小和位置必须与相匹配的普通换向阀螺栓孔的大小、位置相同（一般来说，在叠加阀系列中，没有叠加式换向阀，因此普通换向阀可以叠加在叠加阀组中，但必须放置在顶部）。

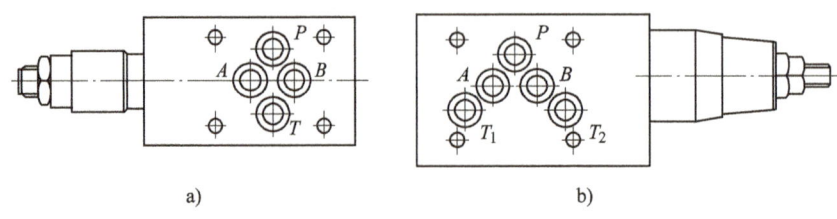

图 8-11　叠加阀公共通油口

a) 4 个公共通油口结构　b) 5 个公共通油口结构

叠加阀主要有叠加式单向阀、叠加式液控单向阀、叠加式溢流阀、叠加式减压阀、叠加式顺序阀、叠加式流量阀和叠加式比例阀等。图 8-12～图 8-15 所示为常见的叠加阀外形图及图形符号。其他叠加阀可查阅相关资料。

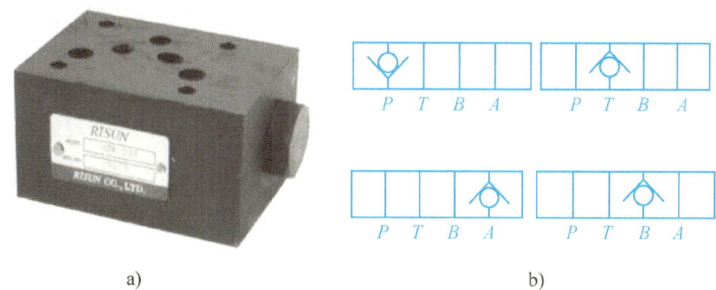

图 8-12　叠加式单向阀（4 种）
a）外形图　b）图形符号

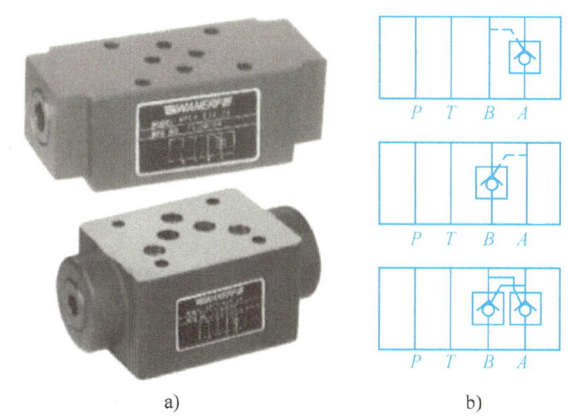

图 8-13　叠加式液控单向阀（3 种）
a）外形图　b）图形符号

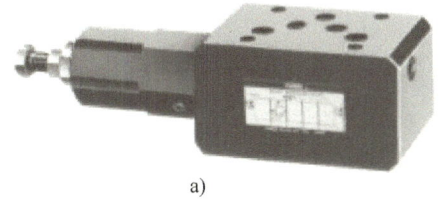 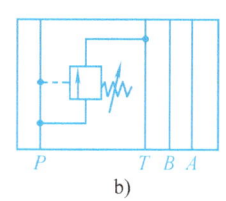

图 8-14　叠加式溢流阀
a）外形图　b）图形符号

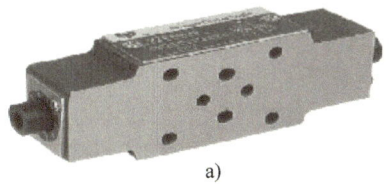 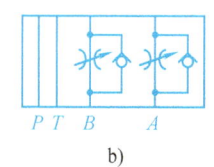

图 8-15　叠加式双单向节流阀
a）外形图　b）图形符号

8.3 现代化改装的基本形式

对各类现有的旧液压系统，针对其特点和要求进行现代化改装的基本形式有三种，即原型改造、变形改造和精化改造，具体介绍前两种。

8.3.1 原型改造

这种改造一般不改变原系统的构成和油路，而着重提高液压元件的技术指标，目的是使整个液压系统的性能得以改善。这相当于在对液压系统进行大修的基础上，更换了性能更好的液压元件。随着液压技术水平的不断提高，液压元件的制造水平也在不断地提高，因此这类现代化改装是较为常见，而且是较为容易的改装方式。

8.3.2 变形改造

这类改造是只改变油路形式，而不改变元件。在对油路结构的改造过程中，尽量缩短油路的长度，减少装置的体积和系统的压力损失，提高系统效率。目前阀类元件的配置形式广泛采用集成配置来取代管式、板式配置，已经取得了良好的技术经济效果。其配置形式主要有以下几种。

1. 箱体式配置

按照液压系统的油路要求，制造出专用的箱体，板式阀类元件可紧固在箱体的侧面和顶面上，插入阀、插装阀和管接头等元件可插入或旋接于箱体内，各元件之间的油路全部由在箱体内所加工出的孔道形成，如图 8-16 所示。目前，在现代化改装中这类配置主要是插装阀配置。插装阀安装在箱体内，外面露出部分除了盖板外，多半是先导阀。先导阀的特点是结构小、流量小，而安装在箱体内的插装阀可通过高压大流量。

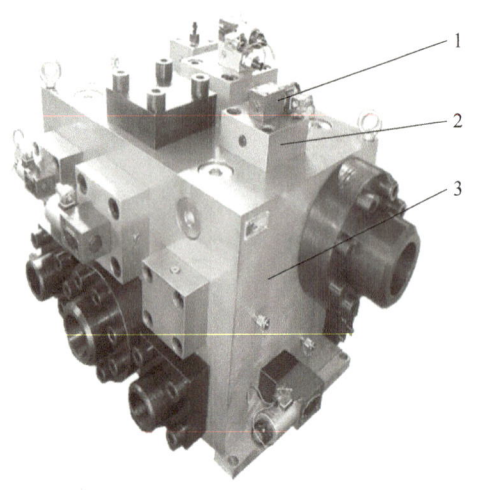

图 8-16 箱体式配置

1—先导阀 2—盖板 3—箱体

2. 集成块式配置

二十世纪八十年代，国内对液压系统的基本回路进行了标准化工作。其工作成果就是创造了 JK 系列的集成块，有 50 多种单元回路供选用和组合，基本上能满足液压传动机械、机床等各种动作循环的需要。

液压集成块是一种按液压典型回路制造而成的通用组件。它将普通液压阀"集成"安装在每一个集成块上。若干个不同回路的集成块加上底板和顶盖叠加起来用 4 个长螺栓垂直固紧，即构成完整液压系统的集成油路，如图 8-17 所示，其结构特点如下。

1）液压元件安装在集成块的三个侧面上，另一个侧面不安放液压元件，只供管接头连接油管通向液压执行元件。

2）集成块的上下面为接合面，各集成块都统一有上下贯穿的公共通油口，即压油口（P）、回油口（T）和泄油口（L），以及 4 个螺栓的安装孔，液压元件之间的连接借助于集成块体内的油孔道，如图 8-18 所示。

图 8-17　集成块式配置

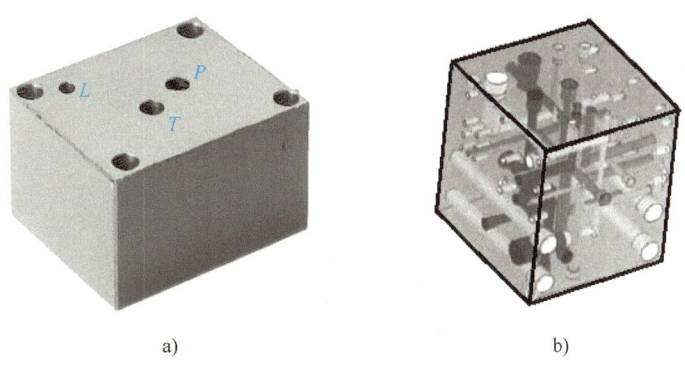

a)　　　　　　　　　　　　b)

图 8-18　液压集成块结构

a）集成块公共通油口示意图　b）集成块内部油路连通透视图

3）若干个集成块连接时，集成块的最下层为底板，最上端为顶盖，如图 8-19 所示。中间各集成块的上下位置可以互换，无顺序要求，因而回路更换很方便，可根据工作需要任意组合，有很大的灵活性。

3. 叠加阀式配置

叠加阀可以组成集成化的液压系统，省去了叠加阀之间的外部油管连接。叠加阀的集成如图 8-20 所示。

由图 8-11 可知，叠加阀的叠加顺序是：顶部是一个普通的换向阀（不是叠加阀），底部是一个有外接油口（包括压油口、回油口、液压执行元件油口）的底座，中间的阀才是叠加阀。一组叠加阀的集成，就能组成一个液压子系统，控制一个液压执行元件。叠加阀式配置的主要优点如下：

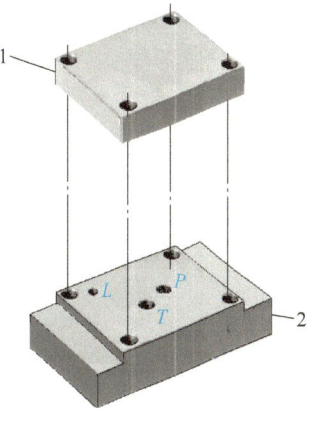

图 8-19　集成块顶盖和底板

1—顶盖　2—底板

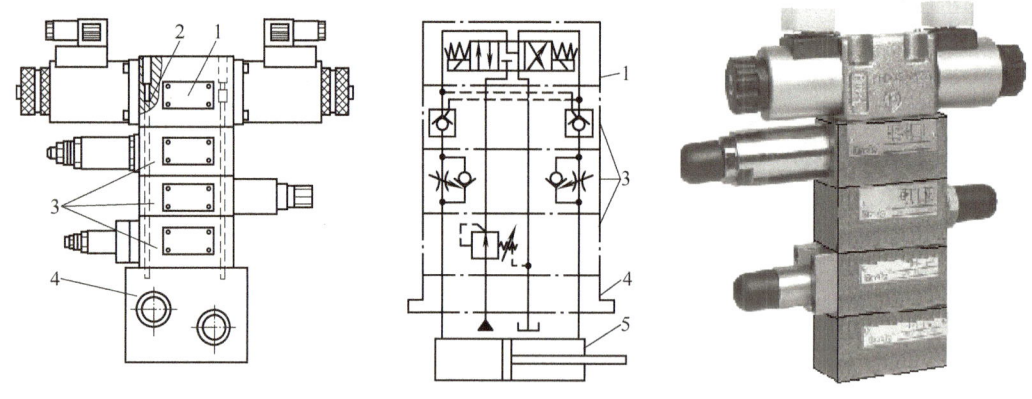

图 8-20 叠加阀集成图

1—普通换向阀　2—拉杆　3—叠加阀　4—底座　5—外接液压缸

1）标准化、通用化、集成化程度高，加工与装配周期短。

2）用叠加阀组成的液压系统结构紧凑，体积小，重量轻，外形整齐美观。

3）叠加阀可集中配置在液压站上，也可以分散安装在设备上，配置形式灵活。系统变化时，元件重新组合叠装方便、迅速。

4）因不用油管连接，压力损失小，漏油少，振动小，噪声小，动作平稳，使用安全可靠，维修容易。

8.4　项目教学指导

本项目教学内容为知识扩展部分。项目教学宜采用参观学习的方式，深入到企业，了解液压系统现代化改装在设备上的应用。有条件的学校还可以在实训车间，按现代化改装的基本形式进行"变形改造"组装实训，其内容可包括：箱体式配置、集成块式配置和叠加阀式配置。

项目考核

通过本项目学习，项目考核主要围绕以下内容展开。

1. 本项目为什么重点强调对旧液压系统要进行现代化改装？
2. 现代化改装是针对哪类磨损提出的？
3. 液压设备的变形改造包括哪些工作内容？
4. 如何理解液压设备的现代化改装与设备更新之间的关系？

项目 9
液压设备的维护保养与维修

液压设备的保养、维修与预防,是液压设备操作者和专职维修人员日常工作内容之一。设备运行一段时间,出现故障是正常现象,但因故障造成的停机,将给企业造成损失。因此,为保障液压设备运行完好,提高设备完好率,就需要在加强日常保养维护的基础上,强化事先预防性点检,实行全员设备管理,建立企业设备保养、维护的各项规章制度。

9.1 液压设备操作规程

在生产现场,与运行的液压设备接触最多的是操作工和检修工。为确保设备保持良好的工作状态或及早发现和预防设备隐患,企业制定了严格的规章制度。下面介绍与液压设备操作工和检修工有关的操作规程。

9.1.1 液压设备操作工操作规程

1. 目的

规范员工作业过程的操作行为,杜绝操作中的违规、违纪现象发生,有效控制危害因素,预防事故的发生。

2. 适用范围

适用于企业车间内所有液压设备操作岗位。

3. 职责

岗位操作工负责液压系统的日常点检、维护、卫生清扫及防火措施。

4. 工作程序

1)遵守员工安全准则及设备通用安全规范。

2)未经专业培训,未经安全、技术、操作考试并取得合格证者,不得上岗操作液压设备。

3)严禁非岗位人员起动或操作任何液压设备。设备检修时,操作工要配合检修工,按检修要求操作液压设备。

4)给液压系统管道及其部件做耐压实验时,必须分级进行,不得一次将压力升到额定值。

5)液压泵、阀等工作压力的调整与改变,必须经专业技术负责人同意。

6) 蓄能器的检修必须在不带压力的情况下进行，不得带压检修和拆卸液压系统任何部位。

7) 操作及检修时，人员应避免正对泄漏部位，必须小心留意，避免失误，谨防超压引起爆炸及高压油液喷射伤人。

8) 为蓄能器充压时，必须有两名以上人员在场，检查确认所用气瓶内为氮气，严禁用氢、氧及其他易燃、助燃气体充压。

9) 设备备用液压油液必须妥善存放，废弃油严禁乱放乱倒，注意防止火灾及污染环境。

10) 液压站内严禁烟火，并不得存放易燃易爆物品，必须配备足量的消防器材。

9.1.2 液压设备检修工操作规程

1. 一般规定

1) 液压系统检修工必须经过培训合格，取得资格证，并持证上岗。
2) 液压系统检修工必须熟知液压设备的性能、供电系统及液压基础知识。

2. 作业前的准备

1) 液压系统检修工进入现场后，要与所检修设备的操作工联系，交代检修所需的时间、影响范围及安全注意事项。处理故障时，要确认故障的部位和性质。
2) 清理待检修设备的现场卫生，消除作业地点的安全隐患。
3) 对所检修的液压设备必须停电，并挂停电牌。

3. 检修作业

液压设备检修工对所负责的设备进行检修时，应确保如下内容。

1) 电磁阀动作灵敏、可靠。
2) 各紧固件齐全，紧固有效。
3) 液压系统中的连接件、油管、液压泵、液压马达、液压阀和液压缸等，应无渗漏、变形和缺损。
4) 机械传动系统中的齿轮、齿条等部件磨损（或变形）不超限，运转正常。
5) 最高油温不得超过 60℃。油温过高时，必须停机处理。
6) 润滑系统要定期注油。
7) 转动部位防护罩齐全、可靠。
8) 液压系统工作、停机未卸压或未切断电源时，禁止对系统进行检修，防止发生事故。
9) 进行机械设备拆检、更换部件或换油等检修工作时，必须将拆开的设备遮盖好，严防粉尘或其他异物进入设备内；注意保护好设备的接合面，以免其受损伤，同时要保护好拆下的零部件，要将其放在清洁、安全的地点，防止丢失或掉入设备内，并用汽油冲洗。
10) 更换密封件时，不允许使用锐利的工具，以免碰伤密封件和设备接触面。
11) 拆卸、分解液压元件时，要注意拆卸时的方向和顺序，并妥善保管元件，以免丢失；不要将加工表面碰伤，装配时必须清洗干净。
12) 安装元件时，拧紧力要均匀适当，防止造成阀体变形、阀芯卡死或接合部位漏油。
13) 油箱中的液压油液应保持正常的高度，油箱应按期清洗。注油时应从空气过滤器注油口注入。液压站正式运转一个月后应清洗一次油箱，更换液压油液，运转半年后再更换一次液压油液，以后每年更换一次液压油液。

14）液压站吸油过滤器压差发讯器上的指针指向红区时，应及时停机，并将过滤器打开，清洗或更换滤芯后，方可重新运转。过滤器应每季度检查一次，并适时更换。

15）严禁在设备工作状态下检查和调整设备。

16）检修液压设备时，应关闭电源，使电动机停止运转，并挂停机牌，操纵卸荷阀使液压系统压力卸掉后，方可进行检修。

4. 收尾工作

1）检修结束后，必须与操作工联系，会同操作工对检修部位进行检查验收，并通知相关人员后，方可送电。

2）检查清理工具及剩余材料、备品配件，并认真清扫检修现场的卫生。

9.2 液压设备的日常维护保养

为了液压设备长期保持要求的工作精度和避免重大故障发生，要进行日常维护保养。

1. 日常检查

日常检查是减少液压设备故障率的首要环节，主要是操作工在使用设备中经常通过耳听、目视和触摸等比较简单的方法（图9-1），在液压泵起动前、起动后和停止运转前，检查油量、油温、油质、压力、泄漏和振动等情况。出现不正常现象应停机检查，及时排除，对重要的液压设备应填写日检修卡片。

图9-1 操作工正在对液压设备进行日常检查

2. 定期检查

在日常检查的基础上，还要实行定期检查制度。对液压设备进行定期检查时，以检修工为主，操作工参与（图9-2），共同完成。其目的是及早发现潜在故障，及时地进行修复或排除故障。

定期检查的内容包括：调查日常检查中发现而又未及时解决的异常现象、潜在的故障预兆，并查明原因给予排除。对规定必须定期维修的基础部件，应认真检查并加以保养。对需要维修的部位，必要时进行分解检修。

定期检查的时间间隔一般与过滤器检修的时间间隔相同，约为3个月。

3. 综合检查

综合检查每年进行一次，参与人员有操作工、检修工和工程技术人员（图9-3）。综合检查主要内容包括：对设备液压系统、机械部分和电气部分等进行全面检查，询问设备日常检查与定期检查中出现的问题和处理结果，对设备进行预先诊断；根据诊断结果，对重点部位进行局部拆卸、测试，对液压油质进行检测；检查液压设备的各元件和部件，判断其性能和状态。根据检查结果，填写液压设备综合检查表（表9-1），对设备可能出现的故障提出进一步的检修意见和设备维修计划。

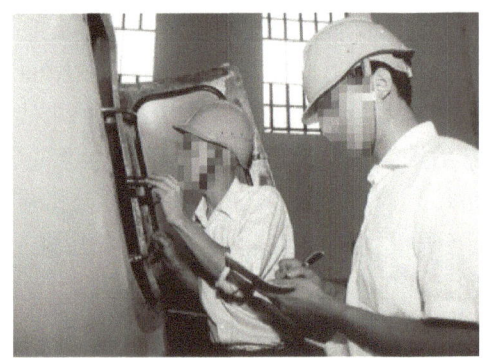

图 9-2 定期检查

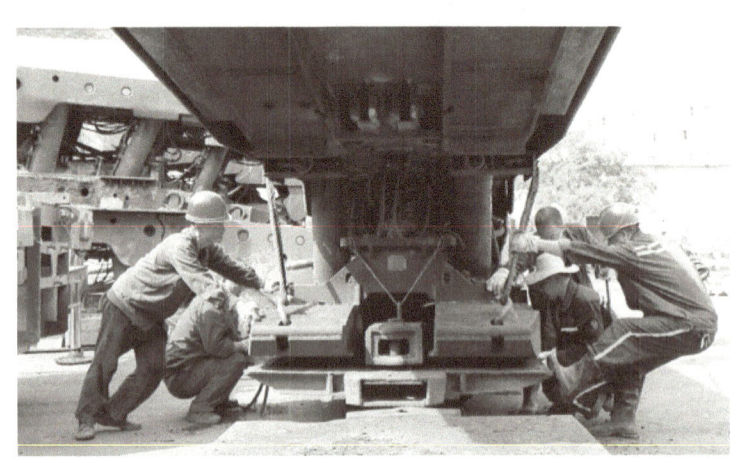

图 9-3 液压设备综合检查现场

表 9-1 液压设备综合检查表

日期： 年 月 日

检查部位	检查内容	检查标准	检查方法	检查结果			
液压系统	电动机	运转平稳无杂音、无振动	手感、目测				
	液压泵	声音正常、无泄漏	测试				
	阀件	动作灵活、无泄漏	目测				
	压力表	完整、无泄漏、指针灵活	目测				
	液压缸	动作灵活、无泄漏、连接无松动	满载试验				
	油管、接头	紧固、无松动、无渗油	调整				
	油箱	油位不少于2/3、油质清澈无泄漏	检测油质				

(续)

检查部位	检查内容	检查标准	检查方法	检查结果			
机械部分	固定活动部件	无裂纹、无变形	目测				
	机架	活动自如、无卡阻	试验				
	各部螺钉	紧固、无松动	目测、工具				
	各部限位	动作灵活可靠	试验				
电气部分	信号传输	传输良好，无异常	目测、询问				
	操作按钮	动作灵活可靠	试验				
	箱体	柜门无变形、开关、密闭良好	目测				
其他	润滑情况	按润滑标准执行	目测				
	卫生情况	清洁、无杂物	目测				
	配电设施	无缸件、线路无破皮	目测				
	设备标牌	齐全	目测				
	计量仪表	标识齐全、准确，在有效期内使用	目测				
	设备运行记录	整洁、记录规范、字迹清晰	目测				

9.3 液压设备的维修

在使用液压设备时，液压系统可能出现的故障是多种多样的。这些故障有的是由某一液压元件失灵而引起的；有的是系统中多个液压元件的综合性因素造成的；有的是因为液压油液被污染造成的。即使是同一个故障现象，产生故障的原因也可能不一样。需要特别指出的是，现在的液压设备都是机械、液压、电气甚至微型计算机的共同组合体，产生故障的原因更是多方面的。因此在排除故障时，必须对引起故障的因素逐一分析，注意其内在联系。只有找出产生故障的主要原因，才可进行维修。

学习了液压传动知识后，都会有一个感受，就是液压油液是在封闭的壳体和管路内流动的，看不见，摸不着，不像机械传动那样可直接从外部观察，测量方面也不如电气系统方便，而且液压元件均在润滑充分的条件下工作，系统均有过载保护装置（如溢流阀等），很少发生金属零件破坏、严重磨损等现象。因此，在液压系统出现故障时，往往要用比较多的时间查找故障原因。但不管怎么说，任何故障在演变为大故障之前，都会伴随有种种不正常的征兆，如出现不正常的声音，工作机构速度下降，油箱液面下降，油液变质，外泄漏加剧，油温过高，管路损伤、松动和振动，出现异味等。以上现象，只要留意，就可通过人的感官发现，然后认真分析故障的内部规律，从而做到准确地判断，确定故障排除方法。

9.3.1 排除故障的步骤

排除故障主要由检修工负责。故障较难排除时，需要技术人员和操作工共同参与。

1. 全面了解故障状况

处理故障前，要深入现场，先向操作工询问设备出现故障前后的工作状况与异常现象、产生故障的部位，同时要了解过去是否发生过类似的情况及处理经过。

2. 现场试车观察

如果设备虽有故障，但仍能动作，并且带病动作不会有恶性影响时，检修工可引导操作工起动设备，操纵有关控制机构，仔细观察故障现象及各参数状态的变化，并与操作工提供的情况相联系、比较和分析。

3. 查阅设备档案

查阅设备技术档案，对照本次故障现象，看看过去是否发生过类似现象及处理情况的记录，这样做有助于准确判断。

4. 确认阶段

这是准确判断故障的关键一步。根据液压系统工作原理图和电气控制原理图，深入了解液压元件的结构、性能，明确其在液压系统中的作用及其安装位置，并把调查了解和自己观察的现象，根据工作原理进行综合、比较、归纳和分析，从而确定故障元件或准确部位。

5. 修理实施阶段

根据上述判断，本着"先外后内、先调后拆、先洗后修"的原则，制订出修理工作的具体方案。

6. 总结经验

故障排除后，设备恢复正常运行时，要总结其中有益的经验和方法，找出防止故障发生的改进措施。

7. 记录归档

将本次故障发生、诊断、排除或修理的全过程详细记录后纳入设备技术档案备查。

9.3.2 液压油液污染造成的故障及其排除方法

据有关资料统计，液压系统的故障有75%以上与液压油液的污染有关，防止油液污染可避免很多故障的发生。

1. 油液中侵入空气

油液中侵入空气主要是由于管接头、液压泵、液压阀和液压缸等密封不良以及油液质量差等原因引起的。防止空气侵入的方法是经常检查管接头及液压元件连接处的密封情况，并及时将松动的螺母拧紧，及时更换不良的密封件，使用排气阀排气。

2. 油液中混入水分

油液中含有水分的可能原因是：从油箱盖处进入了冷却液，水冷却器或热交换器渗漏和高温空气由空气过滤器进入油箱等。

检查油液中是否混有水分的方法：将少许油液滴注在加热的钢板上，如有"泼泼"的溅出声，表示油中含有一定的水分；将少许的油液放在大拇指与食指之间，用力多捻几下，指头上有汗珠样析出，证明油液中含水分甚多；也可采用蒸发的方法进行检查。

防止油液中混入水分的主要方法是严防由油箱盖流入冷却液，及时更换破损的水冷却器、热交换器。若油中含水量过大，应采取下列有效措施：一是让油液静止一段时间，水就会从油液中析出，沉淀到油箱底部，这时打开放油螺塞，将含水分的混合物排出；二是排出所有的油液，进行处理后再将其注入油箱；三是情况严重时，更换新油液。

3. 油液中混入各种杂质

油液中混入的杂质主要有：切屑、金属粉末、沙粒、灰尘、磨料、锈片、被腐蚀密封件和涂漆产生的胶状物质、油液本身变质产生的沥青等杂质。这些杂质能引起液压泵、液压阀等液压元件中活动件的卡死及小孔、缝隙的堵塞，导致故障的发生或严重影响系统的工作性能，加快元件磨损。磨损严重时，会引起内泄漏，造成阀内窜油，控制失效，产生误动作。

为了科学地诊断油液污染的情况，应定期对油液进行污染度检测。油液污染度检测仪（图9-4）可用于检测液压油液中固体颗粒的数量和颗粒的分布情况，可用于现场在线监测，也可用于取样瓶离线检测（实验室模式），还可以用于监测过滤器的过滤效果等。

一般情况下，油液污染度检测仪内置了六种颗粒污染度等级标准（ISO4406、NAS1638、GJB420A、GJB420B、SAE749D、AS4059D），可以根据液压设备的具体要求，选择不同的标准进行测试，然后将检测的结果与液压设备要求的液压油液清洁度等级范围比对，确定油液是否符合要求。

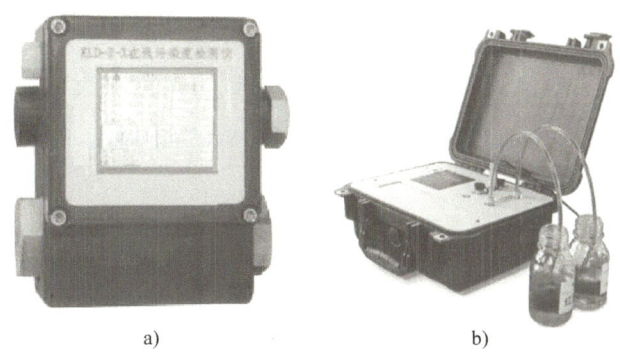

图 9-4 油液污染度检测仪
a）在线检测 b）离线检测

9.3.3 液压设备常见故障及其排除方法

表 9-2～表 9-7 提供的液压设备常见故障产生原因及排除方法，是多年来对现场液压设备进行日常检查、检修工作的经验总结，对新上岗的液压设备操作工和检修工会有所帮助。

表 9-2 系统产生噪声的原因及其排除方法

故障	原因	排除方法
液压泵吸空引起连续不断的嗡嗡声并伴随杂声	液压泵本身或其进油管路密封不良、漏气	拧紧泵的连接螺栓及管路各管螺母
	油箱油量不足	将油箱油量加至油标处
	液压泵进油管口过滤器堵塞	清洗过滤器
	油箱不透空气	清理空气过滤器
	油液黏度过大	油液黏度应合适
液压泵故障造成杂声	轴向间隙因磨损而增大，输油量不足	修磨轴向间隙
	泵内轴承、叶片等元件损坏或精度变差	拆开检修并更换已损坏零件

（续）

故障	原因	排除方法
控制阀处发出有规律或无规律的吱喻、吱喻的刺耳噪声	调压弹簧永久变形、扭曲或损坏	更换弹簧
	阀座磨损、密封不良	修研阀座
	阀芯拉毛、变形、移动不灵活甚至卡死	修研阀芯、去毛刺，使阀芯移动灵活
	阻尼小孔被堵塞	清洗、疏通阻尼孔
	阀芯与阀孔配合间隙大，高低压油互通	研磨阀孔，重配新阀芯
	阀开口小、流速高、产生空穴现象	应尽量减小进、出口压差
机械振动引起噪声	液压泵与电动机安装不同轴	重新安装或更换柔性联轴器
	油管振动或互相撞击	适当加设支承管夹
	电动机轴承磨损严重	更换电动机轴承
液压冲击声	液压缸缓冲装置失灵	进行检修和调整
	溢流阀调整压力变动	进行检查、调整
	电液换向阀端的单向节流阀故障	调节节流螺钉、检修单向阀

表 9-3　系统运转不起来或压力提不高的原因及其排除方法

故障部位	原因	排除方法
液压泵电动机	电动机线接反	调换电动机接线
	电动机功率不足，转速不够高	检查电压、电流大小，采取措施
液压泵	泵进、出油口接反	调换吸、压油管位置
	泵吸油不畅、进气	见表 9-2
	泵轴向、径向间隙过大	检修液压泵
	泵体缺陷造成高、低压腔互通	更换液压泵
	叶片泵叶片与定子内表面接触不良或卡死	检修叶片及修研定子内表面
	柱塞泵柱塞卡死	检修柱塞泵
控制阀	压力阀主阀芯或锥阀芯卡死在开口位置	清洗、检修压力阀，使阀芯移动灵活
	压力阀弹簧断裂或永久变形	更换弹簧
	某阀泄漏严重以致高、低压油路连通	检修阀，更换已损坏的密封件
	控制阀阻尼孔被堵塞	清洗、疏通阻尼孔
	控制阀的油口接反或接错	检查并纠正接错的管路
液压油	黏度过大，吸不进或吸不足油	用指定黏度的液压油
	黏度过小，泄漏太多	用指定黏度的液压油

表 9-4　运动部件速度达不到或不运动的原因及其排除方法

故障部位	原因	排除方法
液压泵	泵供油不足、压力不足	同表 9-2、表 9-3
控制阀	压力阀卡死，进、回油路连通	同表 9-3
	流量阀的节流小孔被堵塞	清洗、疏通节流孔
	互通阀卡住在互通位置	检修互通阀
液压缸	装配精度或安装精度超差	检查、保证达到规定的精度
	活塞密封圈损坏、缸内泄漏严重	更换密封圈

(续)

故障部位	原　因	排　除　方　法
液压缸	间隙密封的活塞、缸壁磨损过大，内泄漏多	修研缸内孔，重配新活塞
	缸盖处密封圈摩擦力过大	适当调松压盖螺钉
	活塞杆处密封圈磨损严重或损坏	调紧压盖螺钉或更换密封圈
导轨	导轨无润滑油或润滑不充分，摩擦阻力大	调节润滑油量和压力，使润滑充分
	导轨的镶条、压板调得过紧	重新调整镶条、压板、使松紧合适

表9-5　运动部件产生爬行的原因及其排除方法

故障部位	原　因	排　除　方　法
控制阀	流量阀的节流口处有污物，通油量不均匀	检修或清洗流量阀
液压缸	活塞式液压缸端盖密封圈压得太死	调整压盖螺钉（不漏油即可）
	液压缸中进入的空气未排净	利用排气装置排气
导轨	接触精度不好，摩擦力不均匀	检修导轨
	润滑油不足或选用不当	调节润滑油量，选用适合的润滑油
	温度高使油黏度变小、油膜破坏	检修油温高的原因并排除

表9-6　运动部件换向时的故障及其排除方法

故　障	原　因	排　除　方　法
换向有冲击	活塞杆与运动部件连接不牢固	检查并紧固连接螺栓
	不在缸端部换向，缓冲装置不起作用	在油路上设溢流阀（背压作用）
	电液换向阀中的节流螺钉松动	检查、调整节流螺钉
	电液换向阀中的单向阀卡住或密封不良	检查及修研单向阀
换向冲击量大	节流阀口有污物，运动部件速度不均	清洗流量阀节流口
	换向阀芯移动速度变化	检查电液换向阀节流螺钉
	油温高，油的黏度下降	检查油温升高的原因并排除
	导轨润滑油量过多，运动部件"漂浮"	调节润滑油压力或流量
	系统泄漏油多，进入空气	严防泄漏，排除空气

表9-7　工作循环不能正确实现的原因及排除方法

故　障	原　因	排　除　方　法
液压回路间互相干扰	同一个泵供油的各液压缸压力、流量差别大	改用不同泵供油或用控制阀（单向阀、液压阀、顺序阀等）使油路互不干扰
	主油路与控制油路用同一泵供油，当主油路卸荷时，控制油路压力太低	在主油路上设控制阀，使控制油路始终有一定压力，能正常工作
控制信号不能正确发出	行程开关、压力继电器开关接触不良	检查及检修各开关接触情况
	某些元件的机械部分卡住（如弹簧、杠杆）	检修有关机械结构部分
控制信号不能正确执行	电压过低，弹簧过软或过硬使电磁阀失灵	检查电路的电压，检修电磁阀
	行程挡块位置不对或未紧固	检查挡块位置并将其固紧

9.4 项目教学指导

 **阅读：液压设备点检制**

1. 液压设备点检制的含义

液压设备点检制是指为了维持液压设备所规定的机能，在规定的时间内，按规定的检查标准和周期，由操作工凭借经验和简单测试工具，对液压设备进行日常检查、由检修工定期检修，并依据标准判断液压设备的技术状况和决定是否对设备进行维修工作的全员液压设备检查、检修和维护制度。

2. 实行液压设备点检制的优势

从实质上说，液压设备点检制就是在全员参加的前提下，对液压设备进行"事先"检查与测定，按事先制订的预案，设定液压设备关键部位的劣化程度，并提出防范措施和实施计划，及早"治疗"这些劣化的"早期病症"。其目的是保持液压设备性能的稳定，延长零部件的使用寿命，实现以最经济的维修费用，保障液压设备完好的目标。具体内容如下。

1) 降低维修费用。由于采取点检制，事先对液压设备进行各种形式的点检，使设备出现故障的概率降低，停机修理的次数减少，不仅使企业劳动生产率得到提高，而且为生产成本的不断下降创造了有利条件。

2) 计划维修加强。由于点检员主要是来自生产一线的操作工和检修工，他们最了解、熟悉自己操作和检修的液压设备，这就使设备管理部门制订的维修计划正确程度得到提高，诊断时间减少，提高了维修项目的实现率和维修施工的工效。

3) 大大提高了设备投资的收益率。点检制使设备的完好率得到了保障，必然使设备的工时利用率得到提高。这样在单位时间内创造的价值增大，从而缩短了设备的投资回收期，增加了设备的收益率。

3. 实行液压设备点检制的基本要求

点检工作一般分为日常点检、定期点检和精密点检。日常点检由液压设备操作工完成；定期点检由检修工完成；精密点检是针对重点、关键设备制定的点检制度，需要操作工、检修工和工程技术人员共同完成。

为了做好点检工作，应遵循下列基本要求。

1) 实行全员管理，强化一线工人参与点检工作，各自负责自己操作设备的日常点检。

2) 设置专职点检员。一般由检修工和工程技术人员担任，负责给定区域液压设备的定期点检。

3) 成立精密点检小组。定期或不定期地对企业的重点、关键设备进行精密点检，确保这些设备完好。

4) 要制定出一整套液压设备点检标准、点检表格和点检制度。

4. 液压设备点检工作的主要内容

1) 定点。确定一台液压设备必须"确保"的维护点，只要"看住"这些点，液压设备一般不会出现较大的故障，即使有了故障也会及时发现。这些点包括：油箱液面高度，油液污染度，管路的压力点和流量点，工作循环中的工况点，执行元件的运动、位置点等。维护点也可指液压元件和液压驱动的外部机构。

2）定标。按规定的维护点，逐点制定检查、处理和换油等点检标准。表 9-8 为典型点检部位的点检标准示例。点检标准一般包含在液压设备维修标准中，具体有四大类：维修技术标准、点检检查标准、换油与油液清洁度标准和维修作业标准。有些标准的制定，其资料主要来源于国家相关标准、液压设备使用和维护说明书的详细说明。

表 9-8 通用液压设备典型点检部位的点检标准示例

序号	点检部位	项目	内容	判定标准	点检周期		点检方法				
					日常	专职	听	视	触	测	其他
1	管道	卡箍、接头	松动	无松动		1M		V	V		
2	油箱	油标	油量	油位线	1B	1M		V			
		加热器	油温	按规定值	1B	1W				V	
		油液	泄漏	无异常	1D	1M		V			
			油质	无异常	1W	1M		V			
3	液压缸	缸体	连接螺栓	无松动	1D	1W		V	V		
			磨损	按规定值		1M				V	
			密封	无泄漏	3B	1M		V			
		活塞杆	磨损	按规定值		1M				V	
			变形	无异常	3B	1M		V			
		密封圈	破损	无异常		1M		V			
4	液压泵	泵体	声音异常	无异常	3B	2W	V				
			振动	无异常		2W			V		
		轴承	声音异常	无异常	3B	2W	V				
			温度	室温+40℃	1W	1M				V	
		叶片	磨损	按规定值		3M				V	

注：M—月，W—周，D—日，B—班。

3）定期。按维护点的不同确定检查周期，分班（B）、日（D）、周（W）、月（M）和年（Y）等。

4）定项。对检查的项目要明确做出规定，一个点可能检查一项，也可检查多项。表 9-9 为点检项目分类；表 9-10 为点检项目的基本工作内容。

表 9-9 点检项目分类

分类	点检项目	说 明
诊断	劣化检查	对性能下降的液压设备，只进行劣化程度的检查
	倾向点检	对突发故障的液压设备，必须进行劣化程度的点检
周期点检	日常点检	由操作工承担，进行直观检查，点检周期在一周以内
	周例点检	按每台液压设备的不同特性，在一周内对重点项目进行点检
	重合点检	专职点检与操作工共同进行点检，周期在一个月以内
	长期点检	周期在一个月以上，又分为解体点检和循环维修点检两种方式

（续）

分类	点检项目	说　　明
专项点检	解体点检	由专业人员进行，主要了解液压设备内部情况
	非解体点检	在液压设备运行现场做外观性观察，由操作工进行
	循环维修点检	将液压设备的维修部件或定期更换下来的零部件送到修理厂做解体检查，确认使用后的状况，并做详细的点检记录，待修复后再使用
	精密点检	由专门技术小组使用精密仪器对液压设备状态进行定量测定

表9-10　点检项目的基本工作内容

分类	项目名称	基本内容
日常点检	五感	依靠视、听、嗅、味、触等感觉来进行检查
	修理	管接头、管道固定零件、压力表指针和油封等的简单修理更换
	调整	压力、流量、温度等物理量的调整
	给油	对液压油箱中的油液进行检查
	排水	排除液压设备中的水分
周期点检	编制标准	编制点检标准、清洁度标准和换油标准，必要时进行修订
	编制计划	编制点检计划表（作业卡）、维修计划、资料计划和预算计划
	点检实施	劣化倾向管理、事故分析与处理、故障多发液压设备的改善、点检信息处理、指导操作工的日常点检工作
精密点检	定期点检	按精密点检计划表对主作业线液压设备的关键部位进行劣化倾向检查；由专职液压设备工程师进行异常诊断
	故障调查	重要液压设备的故障状况调查及原因分析
	综合调查	在维修方面，对有问题液压设备进行综合性调查，以获得解决方案
	点检施工	精密测定、确定大修和故障修复方案，进行精密点检施工
	关键零件	购入重要（关键）液压元件和辅件，检查验收
	仪器管理	精密点检专用器具的领用权限、管理及组织定期校验

5）定人。确定维护点的具体点检员，责任到人。

6）定法。确定点检检查方法和检查手段。日常点检主要靠操作工的眼、耳、鼻、手等感官进行检查，定期（周期）点检由专职（机械、电气、仪表等）点检员进行检查，检查中可使用工具和仪器等。表9-11为专职点检常用的工具和仪器。

表9-11　专职点检常用的工具和仪器

人员	工具和仪器	人员	工具和仪器	人员	工具和仪器
机械专职点检员	压力表	电气专职点检员	听音棒	仪表专职点检员	万用表
	手电筒		手电筒		手电筒
	点检锤		验电笔		尖嘴钳
	扳手		扳手		扳手
	螺钉旋具		螺钉旋具		螺钉旋具
	温度计		尖嘴钳		校正仪
	油质检测仪		万用表		

7)检查作业。确定检查的环境条件、作业路线、设备状态、是否拆解,然后按检查项目逐一进行检查,并做好记录。

8)处理。检查中发现的问题能处理的要及时处理,并将结果记入检查处理记录,无力或无条件处理的及时报告有关部门处理,并记录结果。

9)分析。对检查记录和处理记录进行定期分析,找出故障率高或损失大的环节和薄弱点,提出分析资料,反馈给有关部门。

10)改进。根据记录和分析的问题采取改进措施。

11)评价。对每项改进都要进行评价,不断完善和提高液压设备点检水平。

 **实训:液压设备定期点检作业**

任务1:确定点检区域、路线和点检维护点

选择三台或三台以上的液压设备,可以是实训车间的设备,也可以是液压实验台,可根据现场条件加以具体确定。点检路线可根据设备的相互位置确定。设备点检维护点的选择可参考表9-12,选择时可按三台液压设备情况进行分配。

表9-12 液压设备点检维护点的选择

设备	点检维护点	检查项目	检查方法	使用仪器
设备1	溢流阀	压力值和压力振摆	目视	压力表
	液压控制阀	液压系统工作循环时,各阀动作是否正常	目视	
设备2	液压泵	噪声	测点距液压泵1m,离地高度1.2m	A级声级计
	液压缸	外泄漏	用手摸活塞杆是否有漏油	
设备3	油箱	液面高度	目视	
	液压油	采样	目视、检测	油液污染度检测仪

任务2:查阅资料,确定点检标准

资料1:GB/T 23253—2009《液压传动 电控液压泵 性能试验方法》。

资料2:GB/T 14039—2002《液压传动 油液固体颗粒污染等级代号》。

资料3:GB/T 15622—2005《液压缸试验方法》。

资料4:GB/T 8104—1987《流量控制阀试验方法》。

资料5:GB/T 8105—1987《压力控制阀试验方法》。

资料6:GB/T 8106—1987《方向控制阀试验方法》。

资料7:GB/T 17489—1998《液压颗粒污染分析 从工作系统管路中提取液样》。

任务3:点检作业

按液压设备的数量进行分组,每组完成一台设备的点检工作,并做好记录。点检作业过程中，所点检的设备可能出现其他故障，也可并入点检作业中，并详细写明故障报告。

任务4：点检结果分析

对点检结果进行分析的基准是：将点检结果与点检标准进行比对，如果结果在标准规定的范围内，可判定为合格；若结果超出标准规定，则认为存在故障。对设备存在的故障，要进行深入分析，并记入故障记录中。

任务5：写出设备维修报告

对于存在故障隐患的点检维护点，要提供设备故障的部位、状态、分析结论，写出设备维修报告。

教学法建议

点检作业实训是一个实践性非常强、偶然因素出现的概率较高的实训过程。因此，指导教师可根据现场发生的情况，及时指导学生进行处理。这样，更能体现点检制的实质，效果也更好。

本书提供的实训内容，只是常见的一些点检维护点的点检项目，在实训中可根据各专业的实际情况，选择与专业有关的设备进行点检。如机械类专业可以选用机床及液压站进行点检；工程机械专业可以选择自卸卡车、起重机、叉车等作为点检设备；农业机械专业可选用播种机、收割机等农业机械作为点检设备。总之，本项目实训应该与专业学习紧密结合，这样才会收到良好的学习效果，对学生将来就业有益。

项目考核

一、思考题

1. 如何遵守液压设备的操作规程？
2. 液压设备的日常维护保养包括哪些内容？
3. 在液压设备维护过程中，为何始终强调防止液压油液污染？
4. 什么是液压设备点检制？包括哪些内容？

二、填空题

1. 在生产现场与运行的液压设备接触最多的是_____和_____。
2. 液压设备操作规程主要有_____操作规程和_____操作规程。
3. 液压设备的日常维护保养有_____、_____和_____等内容。
4. 液压设备点检制是指为了维持液压设备所规定的_____，在规定的时间内，按规定的检查_____和周期，由操作工凭借经验和简单工具，对液压设备进行_____、由检修工_____，并依据标准判断液压设备的技术状况和决定是否对设备进行维修工作的全员液压设备_____制度。

三、操作题

1. 在日常点检（一台设备）或定期点检（一组设备）实训中，是如何进行点检的？使用了哪些工具？点检中发现的问题是如何处理的？
2. 按实训内容，填写一份设备日常点检记录表（表9-13）。

表 9-13 设备日常点检记录表(日保养)

设备编号	设备型号名称		车间_____			班组_____					日期_____																					
序号	点检内容	点检方法	判定检准	日常点检情况记录																												
				1	2	3	4	5	6	7	8	9	10	11	12	13	14	15	16	17	18	19	20	21	22	23	24	25	26	27	28	29	30	31
1																																		
2																																		
3																																		
4																																		
5																																		
6																																		
7																																		
8																																		
9																																		
10																																		
运转记录实际使用小时																																		
点检者																																		
巡检者																																		

方法:1. 正常画"√";2. 有问题但尚能使用画"△";3. 有故障不能使用画"×";4. 修好后在△或×外画○。

附　　录

附录A　常用单位换算表

表A-1　力的单位

单位	牛（N）	千克力（kgf）	达因（dyn）	磅力（lbf）
换算关系	1	0.102	10^5	0.2248
	9.80665	1	9.80665×10^5	2.20462
	10^{-5}	1.02×10^{-8}	1	2.248×10^{-6}
	4.44822	0.45359	444822	1

表A-2　压力的单位

单位	牛/米², 帕 (N/m², Pa)	巴（bar）	千克力/厘米² (kgf/cm²)	千克力/毫米² (kgf/mm²)	磅力/英寸² (lbf/in²)	米水柱 (mH$_2$O)	标准大气压 (atm)	毫米汞柱 (mmHg)
换算关系	1	10^{-5}	1.02×10^{-5}	1.02×10^{-7}	14.5×10^{-5}	1.02×10^{-4}	0.99×10^{-5}	0.0075
	10^5	1	1.02	0.0102	14.50	10.197	0.9869	750.1
	98067	0.980665	1	0.01	14.22	10	0.9678	735.6
	98.07×10^5	98.07	100	1	1422	1000	96.78	73556
	6.89×10^3	0.689×10^{-1}	70.3233×10^{-3}	70.3233×10^{-5}	1	0.703233	0.68×10^{-1}	51.7408
	9807	98.07×10^{-3}	0.1	0.001	0.1422	1	0.9678×10^{-1}	73.6
	101325	1.013	1.0330	0.01033	14.70	10.332	1	760
	133.32	1.33×10^{-3}	0.00136	1.36×10^{-5}	1.934×10^{-2}	0.0136	0.00132	1

表A-3　动力黏度

单位	牛·秒/米²（帕·秒） (N·s/m²)(Pa·s)	千克力·秒/米² (kgf·s/m²)	千克力·秒/厘米² (kgf·s/cm²)	达因·秒/厘米² （泊）(P)	厘泊 (cP)	千克力·时/米² (kgf·h/m²)	牛·时/米² (N·h/m²)
换算关系	1	0.102	1.02×10^{-3}	10	1000	28.3×10^{-6}	278×10^{-6}
	9.81	1	1×10^{-2}	98.1	9810	278×10^{-6}	2.73×10^{-3}
	980.665	100	1	98.1×10^2	98.1×10^4	278×10^{-4}	0.273
	0.1	10.2×10^{-3}	10.2×10^{-5}	1	100	2.83×10^{-6}	27.8×10^{-6}
	0.001	10.2×10^{-5}	10.2×10^{-7}	0.01	1	2.83×10^{-8}	27.8×10^{-8}
	35.3×10^3	3600	360	353×10^3	353×10^5	1	9.81
	3600	367	3.67	36×10^3	36×10^5	0.102	1

表 A-4 运动黏度

单位	米²/秒（m²/s）	厘米²/秒（斯）（St）	毫米²/秒（厘斯）（cSt）	米²/时（m²/h）
换算关系	1	10^4	10^6	3600
	10^{-4}	1	100	0.36
	10^{-6}	0.01	1	3.6×10^{-3}
	277.8×10^{-6}	2.778	277.8	1

附录 B 常用液压元件图形符号

表 B-1 基本符号、管路及连接

名　称	符　号	名　称	符　号
工作管路		管路在液面以下油箱	
控制管路、泄油管路		管端连接于油箱底部	
连接管路		连续放气装置	
交叉管路		间断放气装置	
柔性管路		单向放气装置	
组合元件框线		带单向阀的快换接头	
液压缸弹簧		不带单向阀的快换接头	
控制弹簧		三通路旋转接头	

表 B-2 控制机构和控制方法

名　称	符　号	名　称	符　号
具有可调行程限制装置的顶杆		电磁控制，动作指向阀芯	
带有定位装置的推或拉控制机械		电磁控制，动作背离阀芯	

（续）

名 称	符 号	名 称	符 号
手动锁定控制机构	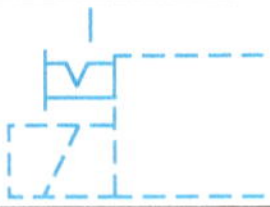	双作用电磁控制，动作指向或背离阀芯	
手柄式人力控制		电液控制	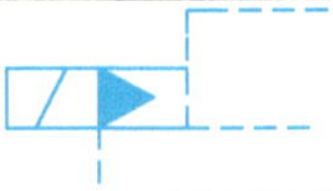
脚踏控制	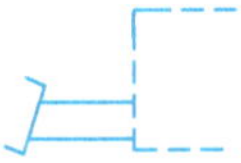	带有分离把手和定位的控制机构	
弹簧控制		使用步进电动机的控制机构	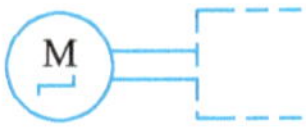
滚轮杠杆控制	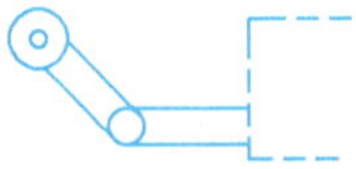	机械反馈	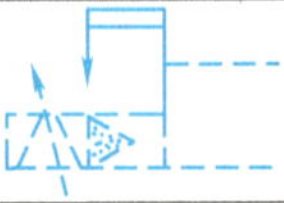
液动控制		液压源	

表 B-3　泵、马达和缸

名 称	符 号	名 称	符 号
单向定量液压泵	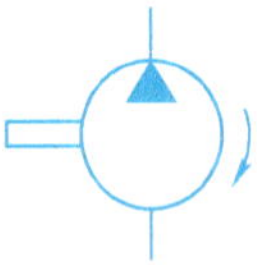	单作用单杆缸，弹簧复位，弹簧腔带连接油口	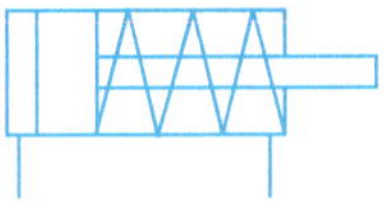
单向变量液压泵	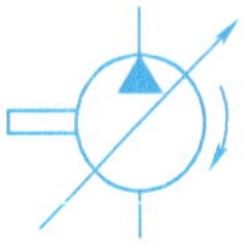	双作用单杆缸	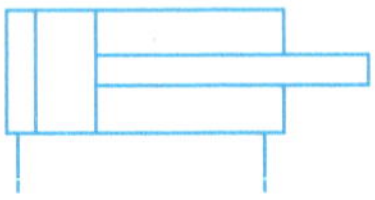
双向定量液压泵	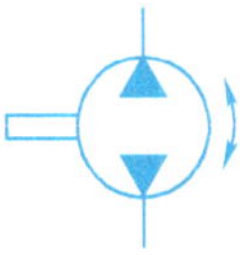	双作用双杆缸	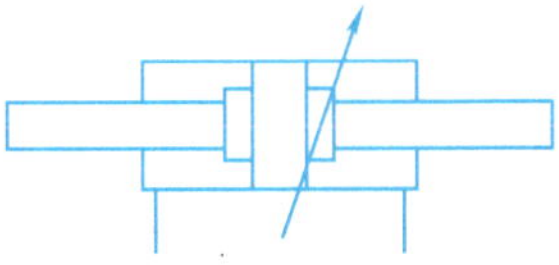
双向变量液压泵	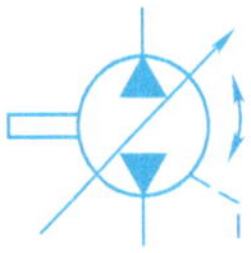	柱塞缸	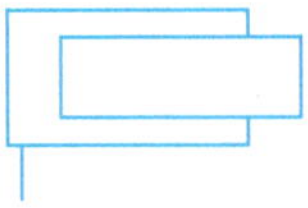
单向定量液压马达	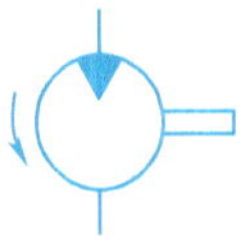	伸缩缸	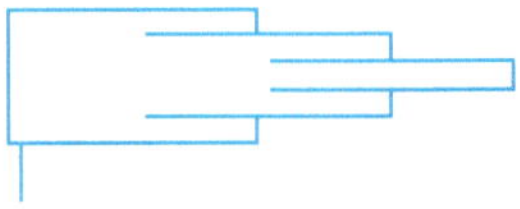
单向变量液压马达	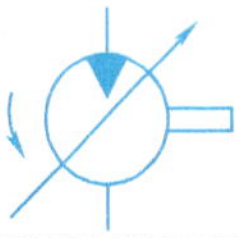	摆动缸	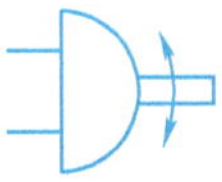

表 B-4　液压控制阀

名　称	符　号	名　称	符　号
单向阀		直动式溢流阀	
带复位弹簧的单向阀		先导式电磁溢流阀	
液控单向阀		顺序阀	
液压锁		单向顺序阀	
二位二通行程阀		减压阀	
二位三通电磁换向阀		先导式减压阀	
三位四通电磁换向阀		压力继电器	
三位四通液动换向阀		节流阀	
三位四通电液换向阀		单向节流阀	
三位四通手动换向阀，弹簧自动复位		调速阀	
三位四通手动换向阀，带定位装置		分流阀	

表 B-5　液压辅助元件

名　称	符　号	名　称	符　号
压力表		流量指示器	
带选择功能的压力表		温度计	
过滤器		冷却器	
蓄能器		加热器	

参 考 文 献

[1] 沈向东,李芝. 液压传动 [M]. 2版. 北京:机械工业出版社,2009.
[2] 李芝. 液压传动 [M]. 2版. 北京:机械工业出版社,2009.
[3] 沈向东. 柔性制造技术 [M]. 北京:机械工业出版社,2013.
[4] 沈向东. 生产作业技术 [M]. 北京:机械工业出版社,2009.
[5] 潘玉山. 气动与液压技术 [M]. 北京:机械工业出版社,2015.
[6] 雷天觉. 液压工程手册 [M]. 北京:机械工业出版社,1990.
[7] 俞启荣. 液压传动 [M]. 北京:机械工业出版社,1990.
[8] 张世伟,朱福元. 液压系统的计算与结构设计 [M]. 银川:宁夏人民出版社,1987.
[9] 机械制造工艺及设备设计手册编写组. 机械制造工艺及设备设计手册 [M]. 北京:机械工业出版社,1990.
[10] 陈启松. 液压传动与控制手册 [M]. 上海:上海科学技术出版社,2006.
[11] 陆望龙. 液压维修工工作手册 [M]. 北京:化学工业出版社,2012.
[12] 闻邦椿. 机械设计手册:第4卷——液压传动与控制 [M]. 5版. 北京:机械工业出版社,2009.
[13] 韩桂华,等. 液压设备故障诊断与维修案例精选 [M]. 北京:机械工业出版社,2013.
[14] 王积伟,等. 液压传动 [M]. 2版. 北京:机械工业出版社,2007.
[15] 周长城. 液压技术基础 [M]. 北京:机械工业出版社,2014.
[16] 丁树模. 液压传动 [M]. 2版. 北京:机械工业出版社,2005.
[17] 宋爱民. 液压传动技术基础 [M]. 北京:机械工业出版社,2011.
[18] 孙继山. 液压与气动技术 [M]. 北京:机械工业出版社,2015.
[19] 沈向东. 现代工业企业概论 [M]. 北京:机械工业出版社,2012.
[20] 沈向东. 生产组织与控制 [M]. 北京:机械工业出版社,2011.
[21] 齐晓杰. 汽车液压与气压传动 [M]. 北京:机械工业出版社,2016.
[22] 贺利乐. 建设机械液压与液力传动 [M]. 北京:机械工业出版社,2004.
[23] 杨宝光. 锻压机械液压传动 [M]. 2版. 北京:机械工业出版社,1996.
[24] 刘忠,杨国平. 工程机械液压传动原理、故障诊断与排除 [M]. 北京:机械工业出版社,2004.
[25] 李金海. 维修好帮手——农业机械液压系统维修一本通 [M]. 北京:机械工业出版社,2011.
[26] 葛宝臻. 采掘运机械与液压传动 [M]. 北京:煤炭工业出版社,2009.
[27] 方庆琯. 现代冶金设备液压传动与控制 [M]. 北京:机械工业出版社,2016.